Aprender e ensinar História
nos anos iniciais do Ensino Fundamental

© 2015 by Ana Claudia Urban
Teresa Jussara Luporini

© Direitos de publicação
CORTEZ EDITORA
Rua Monte Alegre, 1074 – Perdizes
05014-001 – São Paulo – SP
Tel.: (11) 3864-0111 Fax: (11) 3864-4290
cortez@cortezeditora.com.br
www.cortezeditora.com.br

Direção
José Xavier Cortez

Editores
Amir Piedade
Anna Christina Bentes
Marcos Cezar Freitas

Preparação
Alessandra Biral

Revisão
Alexandre Ricardo da Cunha
Gabriel Maretti

Edição de Arte
Maurício Rindeika Seolin

Projeto e Diagramação
More Arquitetura de Informação
Mozart Acs
Paula Rindeika

Ilustrações
Claudia Cascareli
Ivan Coutinho (Págs. 125, 141 e 182)

Dados Internacionais de Catalogação na Publicação (CIP)
(Câmara Brasileira do Livro, SP, Brasil)

Urban, Ana Claudia
  Aprender e ensinar História nos anos iniciais do Ensino Fundamental / Ana Claudia Urban, Teresa Jussara Luporini. – 1. ed. – São Paulo: Cortez, 2015. – (Coleção biblioteca básica de alfabetização e letramento)

  Bibliografia.
  ISBN 978-85-249-2202-2

  1. Aprendizagem - Metodologia (Ensino Fundamental) 2. História – Estudo e ensino (Ensino Fundamental) 3. Prática de ensino 4. Professores – Formação I. Luporini, Teresa Jussara. II. Título. III. Série.

14-04142   CDD-372.89

Índices para catálogo sistemático:
1. História: Estudo e ensino: Ensino fundamental   372.89

Impresso no Brasil – Junho de 2015

Biblioteca Básica de Alfabetização e Letramento

Aprender e ensinar História
nos anos iniciais do Ensino Fundamental

Ana Claudia Urban
Teresa Jussara Luporini

1ª edição
2015

Sumário

↘ INTRODUÇÃO
▶ **Razões para este livro** **8**

↘ CAPÍTULO 1
Trabalho com fontes históricas **12**
▶ Desenvolvimento da teoria e metodologia 13
   O que são fontes? 15
   O que são inferências históricas? 17
▶ Sobre os documentos históricos 19
   O documento histórico: possibilidades de uso no espaço escolar 19
▶ Sobre os documentos escritos 21
▶ Sobre a fotografia 24
▶ Sobre a pintura e o desenho 30
▶ Sobre os filmes 33
▶ A relação entre as fontes e a educação patrimonial 35
   Para saber mais 37

▶ Por uma ação reflexiva 41
▶ Proposta prática: uso de fontes no ensino de História ... 42
▶ Livros sugeridos para ações literárias 46
▶ Para além da sala de aula 48
▶ Para conhecer mais 54

↘ **CAPÍTULO 2**

Relação com o passado **55**
▶ Desenvolvimento da teoria e metodologia **56**
▶ A ideia da temporalidade nos Parâmetros
  Curriculares Nacionais (PCNs) **59**
  Tempo cronológico **60**
  Tempo da duração **61**
  Ritmos de tempo **62**
▶ O passado e a aprendizagem histórica **63**
▶ Arquivos **71**

▶ Por uma ação reflexiva **78**
▶ Proposta prática: a relação com o passado
  por meio de fontes **79**
▶ Livros sugeridos para ações literárias **86**
▶ Para além da sala de aula **88**
▶ Para conhecer mais **89**

↘ **CAPÍTULO 3**
Direitos Humanos e diversidade étnico-cultural **90**
- Desenvolvimento da teoria e metodologia **91**
- Currículo escolar, diversidade e Direitos Humanos **95**
- Preconceitos e estereótipos no currículo escolar **97**
- Identidade cultural e diversidade **100**
- O africano na História do Brasil **104**
    *O trabalho em sala de aula com a história
    e a cultura afro-brasileira no ensino de História* **105**
- O indígena na História do Brasil **107**

- Por uma ação reflexiva **111**
- Proposta prática: conversando sobre
  a diversidade étnico-cultural **112**
- Livros sugeridos para ações literárias **118**
- Para além da sala de aula **120**
- Para conhecer mais **129**

↘ **CAPÍTULO 4**
A história da infância no Brasil **130**
▶ Desenvolvimento da teoria e metodologia **131**
▶ A infância no Brasil **134**
  A infância no Brasil Colonial **134**
  A infância no Brasil Império **146**
  A infância no Brasil República **161**

▶ Por uma ação reflexiva **171**
▶ Proposta prática: a história da infância no Brasil
  ao longo dos séculos **172**
▶ Livros sugeridos para ações literárias **178**
▶ Para além da sala de aula **180**
▶ Para conhecer mais **187**

↘ **REFERÊNCIAS BIBLIOGRÁFICAS** **188**
↘ **BIOGRAFIAS** **206**

↘ **INTRODUÇÃO**

Razões para este livro

Este livro se constitui em um trabalho direcionado para professores dos anos iniciais, produzido por professoras com experiência tanto nos anos iniciais do Ensino Fundamental quanto no ensino universitário. Apresenta, portanto, aspectos teórico-práticos construídos na vivência de sala de aula com a decorrente reflexão propiciada pela produção de conhecimento sobre a formação de professores.

Nesta perspectiva, o conteúdo baseia-se na concepção de que

> [...] história é a realidade concreta da vida dos homens efetivada no agir; história é a reflexão racional de cada um sobre a sua experiência no tempo e do tempo; história é um ramo científico de apreensão, descrição, entendimento e explicação do agir humano intencional no tempo (uma disciplina); história é o teor articulado da narrativa constante dos livros e outros produtos análogos (um conteúdo); história é a soma de toda a presença humana no tempo e no espaço desde quando não sabemos até quando também não dominamos (um processo) (Martins, 2012, p. 9).

São justamente esses aspectos multifacetados do entendimento do que é a História vivida, produzida e ensinada, que se apresentam como desafios para aprender e ensinar e que dão sentido à produção do presente material, que busca, essencialmente, apoiar as práticas docentes no interior das salas de aula nos mais diferentes espaços geográficos do País.

Como afirma Rüsen (2012), embora se compreenda que a História se constrói em diferentes instâncias da vida em sociedade, é no sistema escolar que majoritariamente se projetam e influenciam maciçamente diferentes públicos.

Por essa razão, em apoio à prática docente, cada capítulo aponta a possibilidade de ação reflexiva, de ação prática e de ação literária. Também oferece sugestões ao professor para além da sala de aula. Por último, indica alguns referenciais bibliográficos, cuidadosamente selecionados para enriquecer os conhecimentos.

As reflexões sistematizadas estão ancoradas em pesquisas e discussões na perspectiva da Educação Histórica, que assume a aprendizagem como aspecto fundamental no ensino de História.

Nesta direção

> *[...] é válido concluir que a História e seu ensino não podem ser considerados como a aquisição de fatos ou conteúdos que mostrem os acontecimentos da humanidade através dos séculos. Ao contrário, assume-se o pressuposto fundamental de que a História como ciência é uma modalidade específica de conhecimento que, segundo Rüsen, emerge da carência de todos*

os homens, *"que agem e sofrem as consequências das ações dos outros, de orientar-se em meio às mudanças que experimentam em seu mundo e em si mesmos"* [...] (Schmidt, 2012, p. 101).

Nesse sentido, ganha significado a opção de discutir as questões relacionadas às fontes históricas; à relação com o passado; aos Direitos Humanos e a diversidade étnico-cultural e à história

da infância e sua relação com a aprendizagem histórica, objeto desta obra.

No primeiro capítulo, reflete-se como, a partir de um encaminhamento metodológico do trabalho dos professores com as fontes históricas, são considerados os pressupostos fundamentais da aprendizagem histórica, como o desenvolvimento do pensamento histórico, a construção de argumentos e explicações históricas plausíveis. Ainda nesse capítulo, como apoio ao trabalho dos docentes, listam-se alguns instrumentos de análise de documentos escritos (de diferentes gêneros/origens) e documentos iconográficos.

No segundo capítulo, destaca-se a utilização dos arquivos como procedimento de ensino; reflete-se como o documento se perpetua como memória, estabelecendo um poder decorrente dos significados que encerra.

No terceiro capítulo, discute-se como, ao longo do tempo, a liberdade, o respeito às diferenças, o papel da mulher, a situação dos indígenas e dos negros na sociedade brasileira assumiram um espaço significativo no ensino de História. Entende-se que a Educação em Direitos Humanos trabalha na direção de criar uma cultura que respeite as diferentes dimensões identitárias, presentes historicamente na sociedade brasileira, seja no espaço nacional, seja no espaço regional ou local. Além disso, a possibilidade de construção da cultura dos Direitos Humanos, sua difusão e concretização no ambiente escolar e, também, na sociedade em geral, exigem a formação inicial e continuada dos docentes e a valorização e promoção desses direitos como componentes do processo ensino-aprendizagem.

Por fim, o quarto capítulo dedica-se ao estudo da História da Infância e também da História da Educação das crianças, em diferenciados períodos históricos.

Vale citar que, embora indique opções para as práticas de ensino de professores dos anos iniciais, esta obra não se constitui em um roteiro fechado, mas em fonte inspiradora para os saberes e os fazeres docentes, buscando contribuir para seu aperfeiçoamento e cientificidade e, em decorrência, propiciando uma formação que respeite os direitos educacionais dos alunos como sujeitos da aprendizagem histórica.

↘ **CAPÍTULO 1**

Trabalho com fontes históricas

As fontes são, no entanto, a estrada real empírica para se chegar ao cerne do pensamento histórico, do qual o historiador retorna mais sábio do que as fontes podem torná-lo. Esse ganho de eficiência do pensamento histórico, para além da mera crítica das fontes como meio de extrair informações dos fatos do passado, dá-se na interpretação
(Rüsen, 2007, p. 124).

Desenvolvimento da teoria e metodologia

O diálogo envolvendo o ensinar e o aprender História compreende o conhecimento e análise das ideias históricas de alunos e de professores. Trata-se de um olhar sobre a prática que centra seu foco na necessidade de se conhecer e analisar essa relação bilateral no que se refere ao conhecimento histórico, bem como a forma pela qual o trabalho com fontes históricas colabora para a formação das ideias históricas e da consciência histórica de crianças, jovens, alunos e professores.

Objetivando um diálogo entre a contribuição dos pesquisadores e a prática estabelecida em sala de aula, inicialmente serão destacados alguns aspectos sobre a temática.

Por meio de suas reflexões, a pesquisadora portuguesa Isabel Barca corrobora as discussões acerca do trabalho com fontes quando afirma que é necessário que "[...] os alunos experimentem procedimentos metodológicos que permitam selecionar e interpretar fontes, tirar conclusões e avaliá-las por comparação" (Barca, 2005, p. 15-16). Tais procedimentos levam em conta, entre outros aspectos, que o conhecimento histórico compreende o saber "ler" fontes históricas diversas; saber confrontar as fontes nas suas mensagens, nas suas intenções, na sua validade; saber levantar novas questões, novas hipóteses a investigar – algo que constitui a essência da progressão do conhecimento (Barca, 2005, p. 16).

A partir desses elementos, é possível adentrar em um aspecto que marca a metodologia do ensino de História: a possibilidade de trabalhar com fontes históricas e a relação presente/passado. Em seu texto "O significado do passado na aprendizagem e na formação da consciência histórica de jovens alunos", a pesquisadora Maria Auxiliadora Schmidt (2011, p. 83-84) aponta que:

> *Tomar o passado como ponto de partida de aprendizagem histórica pressupõe uma ida ao passado por meio dos* **vestígios que dele encontramos no presente,** *pois esses vestígios fornecem a ponte para adentrarmos ao passado nele mesmo. [...] Nessa perspectiva ir ao passado pode ser considerado uma atividade de construção de pontes, a partir de fragmentos do passado que existem em um determinado presente e que tenha continuidade com partes do passado que sejam objetos de interesse, mas estariam desconectados do presente (grifo nosso).*

Em concordância com o pensamento da autora, entende-se que, entre os pressupostos da aprendizagem histórica, estão o desenvolvimento do pensamento histórico, a construção de argumentos e de explicações históricas plausíveis. Tal processo é construído a partir de um encaminhamento metodológico que leva em conta o trabalho com fontes históricas.

A pesquisadora inglesa Hilary Cooper aponta para reflexões em relação à aprendizagem das crianças sobre o passado. Segundo a autora, a aprendizagem histórica leva em conta, entre outros aspectos, o trabalho a partir das fontes históricas, objeto da reflexão que se segue.

O que são fontes?

Hilary Cooper (2006, p. 175) assim registra:

> *Fontes foram criadas com propósitos diferentes e, portanto, possuem diferentes níveis de validade; frequentemente são incompletas. Por isso, os historiadores fazem inferências sobre as fontes, no sentido de saber como foram feitas, usadas e o que podem ter significado para as pessoas que as produziram e as utilizaram.*

É possível considerar como fontes históricas as esculturas, os vídeos, os desenhos, as pinturas, as histórias em quadrinhos, os cartazes, a arte rupestre, os vestígios encontrados por pesquisadores, os objetos, as fotos, as roupas, as canções, as construções, os relatos orais. Alguns textos escritos, como cartas, poemas, receitas, diários, jornais, mapas, livros e documentos em diferentes arquivos, também são considerados fontes históricas.

O trabalho com fontes no ensino de História permite justamente o que foi apontado na citação anterior: questionar, fazer perguntas sobre o passado.

Vale lembrar que, durante muito tempo, o trabalho com as fontes históricas era assumido como uma atividade "exclusiva" do historiador que pesquisava os fatos históricos. Sem dúvida, as fontes são fundamentais para o trabalho do historiador, e também nas aulas de História, seja na Educação Infantil, seja no Ensino Fundamental.

Ao realizar trabalhos com fontes históricas, é importante que os professores levem em conta que a seleção de fontes deve estar relacionada a assuntos de interesse dos alunos. Por isso, é importante que as fontes levem as crianças a se "conectarem com crianças de outros tempos e lugares" (Cooper, 2012).

Sugere-se que a presença das fontes nas aulas de História dos anos iniciais do Ensino Fundamental seja planejada a partir das seguintes questões:

- ▶ Como tudo isso foi feito?
- ▶ Por quê? Por quem?
- ▶ De que forma foram usados? Como influenciou diretamente a vida das pessoas envolvidas?

É importante destacar que o trabalho com as fontes contribui para que os alunos entendam como ocorre o desenvolvimento de argumentos, a explicação de um ponto de vista sobre a fonte. Também ajuda as crianças a ouvirem outros pontos de vista e aceitarem que todos os argumentos podem ser válidos.

As fontes não são provas do passado, mas sim vestígios. Nelas o historiador identifica evidências sobre o passado, faz inferências e levanta hipóteses. Quando questionam as fontes por meio das perguntas apresentadas anteriormente, tanto os professores quanto os alunos estão fazendo inferências.

O que são inferências históricas?

> As inferências históricas são relações lógicas entre as ideias históricas de um sujeito e as fontes em que são confrontadas. A inferência histórica se relaciona com a experiência cultural que os sujeitos têm em relação a determinado documento (Fronza, 2007).

Dessa maneira, a presença das fontes históricas por si só não traduz uma relação significativa com o ensino de História. É necessário estabelecer uma espécie de "diálogo", como explica a investigadora Rosalyn Ashby (2003, p. 42-43):

No desenrolar do seu trabalho de interpretação de fontes, para apoiar uma afirmação ou fundamentar uma hipótese, os alunos precisam ser capazes de interrogá-las, de compreendê-las pelo que são e pelo que elas podem dizer-nos acerca do passado que não tinham intenção revelar. Contudo, as fontes, por elas próprias, não podem ser designadas ou não como evidência somente com base nessa interrogação, visto que é o relacionamento entre a questão e a fonte, tratada como evidência, que determinará o valor que lhe pode ser atribuído para uma investigação específica ou como fundamentação em resposta a uma questão.

O diálogo com as fontes é fundamental, porque estas não devem ser entendidas como uma verdade sobre o passado, sobre o que aconteceu em determinado lugar; elas devem ser consideradas como um vestígio do passado ao qual se tem acesso no momento presente. Assim, recomenda-se aos professores interrogá-las, buscar as mais diversas perspectivas de explicação, não com o intuito de "revelar" a verdade sobre o passado, mas sim de interpretá-lo a partir dos vestígios constituídos pelas fontes, com as quais nos relacionamos no tempo presente.

Considerando o significado das fontes históricas para o ensino da história, é pertinente definir o que são documentos históricos.

Sobre os documentos históricos

O documento histórico: possibilidades de uso no espaço escolar

Como resultado do trabalho humano o documento se constitui em fruto da satisfação de alguma necessidade historicamente determinada. As coisas mais banais do cotidiano, todas as coisas que o homem constrói, tudo que deriva do seu trabalho, são expressões da presença humana e, portanto, vestígios ou fontes documentais a serem consideradas.

Segundo as classificações clássicas e genéricas, o documento é qualquer elemento gráfico, iconográfico, plástico ou fônico pelo qual o homem se expressa. É o livro, o artigo de revista ou jornal, o relatório, o processo, o dossiê, a correspondência, a legislação, a estampa, a tela, a escultura, a fotografia, o filme, o disco, a fita magnética, o objeto utilitário etc., enfim, tudo que seja produzido por razões funcionais, jurídicas, científicas, culturais ou artísticas pela atividade humana (Belloto, 1984, p. 12).

Por sua enorme abrangência, o que tornará o documento objeto de estudo de diferenciadas ciências é a forma como será enfocado para fins de levantamento, de armazenamento e de informação, o que resultará em diferentes acervos para fins de pesquisa, testemunho e disseminação.

A compreensão sobre a importância do uso escolar do documento histórico é essencial, porque enquanto testemunho da memória coletiva e da História, não pode ser entendido apenas como resto, como sobrevivente de um passado próximo ou remoto, mas, deve ser utilizado como algo que foi selecionado para ser alvo de indagação, análise, reflexão e compreensão de determinado contexto espaço-temporal.

O uso do documento histórico na escola exige tratamento didático, oportunizando ao aluno dialogar com realidades do passado, construindo o sentido de análise e contribuindo para a significação do saber histórico adquirido. Procura-se, nesse sentido, reconstruir com os alunos os procedimentos utilizados pelo historiador, ao elaborar uma situação-problema, elencar indagações, levantar hipóteses, analisar o conteúdo da fonte, construir argumentos para a compreensão da realidade estudada, produzir sínteses conferindo significação ao conhecimento construído.

Assim, atitudes de observação, descrição, identificação, argumentação, avaliação passam a ser incorporadas no cotidiano das aulas de História, como uma atividade natural que não encara o documento em sua versão tradicional: como comprovação fiel da realidade, neutro, objetivo, retratando a verdade, enquanto conhecimento pronto e acabado.

Afastando-se dessa concepção, sendo visto como vestígio, como um texto cultural, qualquer que seja a sua natureza, remete a novas formas de sua utilização didática e metodológica, na escola. Proporciona ao aluno a possibilidade de familiarizar-se com realidades passadas ou presentes, desenvolvendo sua condição de raciocínio sobre situações concretas, dinamizando suas reflexões, reduzindo a distância entre o seu cotidiano e realidades distantes e alheias à sua, assimilando melhor e mais significativamente os saberes históricos.

É nesse sentido que o uso escolar do documento histórico deve ser compreendido e utilizado, enquanto um suporte informativo que colabora para a construção do saber histórico (Luporini, 2002).

Sobre os documentos escritos

Entre os diversos tipos de fontes históricas, os documentos escritos estão entre os recursos mais "lembrados" nas aulas de História.

Segundo as pesquisadoras Maria Auxiliadora Schmidt e Marlene Cainelli (2004, p. 108), o uso desse tipo de fonte em uma aula exige algumas etapas, relacionadas a seguir:

1) Leitura do documento para os alunos, explicando-lhes o conteúdo do texto e o significado das palavras desconhecidas. Explicar o conteúdo do texto, identificar as palavras que possam ser desconhecidas.

Resumir as ideias principais do documento.

2) Análise do documento, com a identificação de informações relevantes (quem é o autor, qual o tipo do documento,

como está estruturado, que tipo de material foi usado em sua confecção etc.).

3) Estabelecimento de um diálogo com os alunos, buscando uma relação entre o conteúdo avaliado e os conhecimentos históricos.

Emitir uma opinião pessoal, sistematizar ideias sobre como o documento se relaciona com a temática.

O trabalho com as fontes históricas nas aulas de História é um aspecto fundamental da metodologia do ensino dessa disciplina. No entanto, sua presença e sua utilização exigem uma relação gradativa dos alunos com as diferentes fontes históricas.

Inicialmente, a presença de fontes históricas pode contribuir para que as crianças desenvolvam a capacidade de selecionar, ler e interpretar fontes escritas. Além disso, gradativamente, podem ser inseridos outros tipos de fontes escritas, por exemplo, cartas, poemas, leis, artigos etc.

Embora cada vez menos comum nos dias atuais, a carta, que é um documento escrito, pode ser utilizada nas aulas de História. Nesse momento, podem-se apresentar aos alunos exemplos de cartas pessoais, de cartas publicadas em jornais, entre outras, constituindo-se o ponto de partida para a interpretação de experiências individuais e coletivas.

A seguir, está um exemplo de carta pessoal (Luporini, 1989):

Carta do sr. Leôncio Antunes para sua noiva, srta. Idália de Araújo[1]

Morretes, 6 de setembro de 1913.

Adorada Idália,
Mais uma vez todos te enviam muitas saudades e agradecem-te as que mandaste.
Vamos todos bons.
Não respondi tua carta de 1º de maio a mais tempo porque me foi impossível, visto estar sobrecarregado de serviços e com hóspedes em casa. Por essa falta, aliás involuntária, peço-te mil desculpas. Sinto muitas saudades de você, tão fundas e, ao mesmo tempo, tão doces, que parecem ser veneno composto com mél.
Mas, graças a Deus, approxima-se *o dia venturoso em que poderemos descansar dessas* maguas *e desses* soffrimentos, *unindo-nos para sempre por toda a vida.*
Será obséquio de me avisar, com dois dias de antecedência, o dia em que virá.
Queira aceitar um effusivo *e respeitoso aperto de mão deste teu noivo que te adora.*

Leôncio Antunes.

P.S.: Peço me recomendares à titia e a todos de tua casa.
Do mesmo.

---

1 - Esta correspondência foi enviada quinze dias antes do casamento de ambos. Em respeito ao valor histórico, seu conteúdo foi transcrito de forma literal (N.A.).

Ainda seguindo Luporini (1989), de posse desse tipo de texto, é possível avaliar seu conteúdo a partir de alguns aspectos, como:

1. Destinatário.
2. Datação e contexto.
3. Análise do tema abordado.
4. Linguagem (estilo, conteúdo explícito e implícito).

O diálogo com essa fonte permite que se reflita sobre alguns aspectos, como o motivo da carta, a forma pela qual o autor se dirige ao destinatário, a linguagem utilizada etc.

Por certo, em um mundo onde o apelo em torno das comunicações virtuais, como *e-mails*, *sms*, redes sociais, entre outras, alguns documentos escritos podem causar certa estranheza. No entanto, o processo de avaliação de cartas, por vezes "guardadas em arquivos familiares", pode oferecer possibilidades de um trabalho diferente e significativo com os alunos.

Sobre a fotografia

Além dos documentos escritos, a fotografia é uma fonte bastante interessante no ensino da História.
Segundo a pesquisadora portuguesa Glória Solé (2009, p. 630):

> *O aparecimento da fotografia em meados do século XIX veio impor-se como fonte indispensável para a história do final do século XIX e do século XX. As crianças podem trazer de casa fotografias suas e da sua família, descrevê-las, sequencializá-las, compará-las, identificar mudanças, deduzir sobre estados de espírito, realizar inferências, discutir sobre quando foram tiradas, os motivos, o que elas nos mostram, o que ficamos a saber através delas etc.*

As fotografias podem ser utilizadas pelos professores no desenvolvimento de temas comuns aos alunos, como a família, a rua, o bairro e a cidade onde moram, a profissão dos pais, os meios de transporte, entre outros.

Segundo Luporini (2002, p. 61),

> *Não há como negar que a fotografia é resultado de algo que foi registrado e pode parecer aos desavisados uma mensagem imediata e verdadeira que não exige conhecimento de uma linguagem própria. Entretanto, como qualquer prova documental, não comporta imparcialmente a verdade; ela se estabelece como recurso de investigação. A câmera constrói representações que se prestam ao uso ideológico; deve-se encarar a fotografia como construção da realidade e não como reprodução da realidade.*

Segundo Solé (2009), as crianças podem ser orientadas a analisar as fotografias por meio de alguns questionamentos:

- ▸ Há algo escrito no verso das fotos? Em caso afirmativo, a informação é relevante?

- Há alguma data escrita? Caso contrário, é possível identificar o período em questão por meio de itens retratados, como vestuário das pessoas, objetos ou edifícios que aparecem nas fotografias?
- É possível reconhecer as pessoas retratadas? Quem eram? O que faziam?
- Em que local foi tirada a fotografia?

Assim como o documento escrito, o uso das fotografias como fontes históricas precisa ser pensado cuidadosamente, pois isso pode remeter a criança a uma ideia sobre a "verdade histórica"; ou seja, ela pode interpretar aquela imagem como representação de uma espécie de verdade.

No livro *História e fotografia*, a autora, Maria Eliza Linhares Borges (2003, p. 16), aponta que:

> *Por mais de uma vez temos presenciado o uso da fotografia, como um recurso pedagógico destinado a despertar o interesse de alunos do ensino fundamental pelo estudo da história de sociedades passadas. O problema é que iniciativas como essas, por certo louváveis, têm, muitas vezes, se reduzido à mera reunião e exposição de imagens coletadas. Os cuidados necessários para a compreensão das particularidades da linguagem fotográfica são, frequentemente, desconsiderados. Tal procedimento acaba por reforçar nos alunos a ideia de que os homens e mulheres de ontem viviam exatamente como se apresentam nas respectivas fotografias.*

Observando a foto seguinte, é possível explorar diversos aspectos, tanto os mencionados anteriormente, quanto outros. Por exemplo:

- Que pessoas estão representadas?
- Que tipo de trabalho elas estão realizando?
- Como estão vestidas?
- Que lugares estão representados?

Imigrantes na colheita de café. 1912. Interior do Estado de São Paulo. Fotografia p&b.
Fonte: museudaimigracao.org.br

Por certo, na fotografia, muitos de nós guardamos registros sobre nossa vida, bem como sobre fatos ocorridos em nossa família. Atualmente, o mundo digital favoreceu o arquivamento das fotos; no entanto, quando os arquivos digitais não eram muito comuns, organizávamos nossos "arquivos" das mais diferentes formas; certamente, muitas pessoas utilizaram caixas de papelão como arquivo, fiéis depositárias de muitas recordações pessoais e familiares.

Em seu artigo "Arquivar a própria vida", Philippe Artières (1998, p. 14) menciona sobre as fotos nos arquivos familiares:

> *Em toda família, existe, com efeito, o hábito de dedicar regularmente longas tardes a reunir e a organizar as fotos relacionadas com a vida de cada um dos seus membros. Um casamento, um nascimento, uma viagem são objeto de uma ou de várias páginas. Não colamos qualquer foto nos nossos álbuns. Escolhemos as mais bonitas ou aquelas que julgamos mais significativas; jogamos fora aquelas em que alguém está fazendo careta, ou em que aparece uma figura anônima. E depois as ordenamos esforçando-nos para reconstituir uma narrativa. Quando a foto é muito enigmática, acrescentamos um comentário. Quando uma visita chega, começa a cerimônia das fotos,*

fazem-se observações, viram-se algumas páginas rapidamente. Acontece também, com o tempo, de algumas fotos serem retiradas, porque são comprometedoras, porque não são condizentes com a imagem que queremos dar de nós mesmos e da nossa família. Pois o álbum de retratos constitui a memória oficial da família; só raramente os amigos tem um lugar nele.

Além de fotografias, outros documentos "familiares" podem ser utilizados em aulas de História. Aqui, é importante ressaltar que os documentos guardados em casa se constituem em fontes significativas para o trabalho em sala de aula.

Sobre esses documentos, vale destacar um fragmento do texto do pesquisador Geyso Dongley Germinari (2012, p. 53-54):

Os documentos em estado de arquivo familiar não fazem parte da vida de personagens do cenário político ou midiático. Estes documentos podem ser encontrados no interior das mais diversas residências, arquivados em gavetas, em caixas de papelão, esquecidas temporariamente em cima de armários. Encontram-se aí, velhas fotografias amareladas, certidões de nascimento, escrituras de terreno, agendas, cartas, bilhetes confidenciais, carteiras de trabalho. Essa definição corrobora com as ideias de Artières (1998, p. 31), para quem "[...] arquivar a própria vida não é privilégio de homens ilustres (de escritores ou de governantes). Todo indivíduo, em algum momento da sua existência, por uma razão qualquer, se entrega a esse exercício".

Além disso, em seu livro *Os guardados da vovó*, Nye Ribeiro (2009, p. 26) escreveu sobre como seus avós guardavam e preservavam os documentos antigos:

> *Ajudei vovó a guardar tudo no armário e, mais tarde, quando vovô voltou, eu lhe perguntei sobre as cartas. Ele abriu a caixa e nela havia uma porção de envelopes amarelados, com selos antigos, cartas, cartões e até alguns poemas do meu bisavô. Emocionado, vovô leu um poema para mim:*
> *- Por que o senhor ainda guarda tudo isso, vovô?*
> *- Sabe, minha neta, nós somos um pouco de todas as nossas lembranças juntas. Algumas vão ficando desbotadas pelo tempo. Outras vão dando um novo colorido à nossa vida. E é com elas que vamos escrevendo nossa história.*
> *- Ah! Eu estou entendendo...*

Sobre a pintura e o desenho

A utilização de pinturas e de desenhos envolve o conhecimento da época em que as técnicas foram produzidas, abrindo possibilidades para várias interpretações.

Por meio de ambas, é possível conhecer a vida cotidiana de povos que viveram no passado. As pinturas contribuem para uma melhor compreensão de determinados períodos históricos, bem como das sociedades ao longo dos tempos, com seus hábitos e costumes, seu vestuário, alimentação, habitação, mobiliário etc.

Para Solé (2009, p. 631),

> *será interessante as crianças verem e analisarem pinturas de várias épocas, assim como verem pinturas de uma pessoa em vários momentos da sua vida e procurarem saber em que momentos teriam sido feitas e para mostrar o quê.*

BRUEGEL, Pieter (o Velho). *Jogos infantis*. 1560.
Óleo sobre tela, 116 x 161 cm.

Com base nessa obra, é possível refletir com os alunos como o artista representou as crianças de sua época.

A pintura histórica é uma forma de arte que, de alguma forma, registra algum acontecimento de determinada região ou país. Muitas vezes, as obras não são fiéis à realidade, mas representam os fatos sob o ponto de vista do pintor.

Para exemplificar esse conceito, referencia-se o trabalho do artista francês Jean-Baptiste Debret, que retratou o Brasil do início do século XIX. Entre suas várias obras, destaca-se *Um funcionário a passeio com sua família* (1839):

Foto: Horst Merkel

J.B. DEBRET. *Empregado do governo saindo a passeio.* 1820-1830 C. Aquarela, 19,2 x 24,5 cm. MEA 0226.

Em vários livros de viajantes que estiveram no Brasil, nas primeiras décadas do século XIX, aparece com frequência a visão de que as mulheres brancas da classe dominante viviam em relativa reclusão, nos sobrados das cidades e nas grandes casas do campo. Era principalmente nos momentos de festas ou de atividades relacionadas à igreja que essas mulheres saíam, quase sempre acompanhadas (Campos, 2001, p. 42).

Por meio de pinturas e desenhos, os professores oportunizam aos alunos a interpretação do que está representado em determinada obra, construindo com eles a descrição do documento.

Também é possível dialogar sobre os sentimentos percebidos nos semblantes dos personagens (no caso específico dessa obra de Debret, a forma como as mulheres estão representadas).

Sobre os filmes

O trabalho com filmes configura-se em uma possibilidade atraente no ensino de História. Muitos autores têm trabalhado com esse aspecto, ou mencionado suas experiências em livros, teses e artigos, a exemplo de Circe Bittencourt (2004), Selva G. Fonseca (2003), Marcos Napolitano (2005), entre outros.

É importante destacar que, com a produção de temáticas relacionadas à História, por vezes há o predomínio, com raras exceções, da ideia em torno do "herói" e do "bandido". O enredo do filme remete a certa sequência de fatos, muitas vezes, direcionada a determinado objetivo, somado a uma sincronia entre atores, cenário, trilha sonora etc. Vale citar que todos esses elementos explicitam uma concepção de História.

Assim como os filmes, os documentários devem ser submetidos a uma crítica e/ou análise, semelhante aos documentos escritos. É importante levar em conta que as produções devem ser submetidas ao mesmo rigor que os documentos escritos.

Por meio do texto "A construção de uma didática da História: algumas ideias sobre a utilização de filmes no ensino", a pesquisadora Katia Maria Abud (2003, p. 190-191) sistematiza importantes reflexões sobre a utilização frequente do filme em sala de aula.

> *A análise do documento textual na sala de aula segue orientações próprias, destinadas a atender suas especificidades. O mesmo tipo de procedimento é recomendado quando se trata da utilização de um documento fílmico. À semelhança da produção escrita, a fílmica tem sido, com muita frequência, utilizada como uma ilustração que sustenta a análise do professor, garantindo aos alunos que a fala do professor é verdadeira. O professor pode também, pelo caminho indutivo, valer-se do documento como elemento intermediário que transmite aos alunos aquilo que se pretender ensinar, atribuindo-lhe um sentido próprio. Este é o percurso que permite uma efetiva atividade intelectual do aluno, feita de curiosidade e de espírito crítico e que confere sentido ao saber histórico escolar.*
> *Tendo como modelo o documento escrito, pode-se afirmar que quando alguém assiste a uma produção cinematográfica, vale-se de um conjunto de orientações para construir representações mentais do significado que o filme possa lhe despertar.*

Se a inteligibilidade do texto verbal faz uso principalmente de representações mentais de natureza linguística, como conceitos, proposições e também representações de imagens, a análise do texto fílmico, que mobiliza principalmente as representações imagéticas, não pode dispensar as de natureza linguística.

A relação entre as fontes e a educação patrimonial

Nos últimos anos, tem-se percebido o aumento das discussões sobre a "preservação do patrimônio". Também se intensificam campanhas sobre a definição de patrimônio e o significado da preservação para a História.

Uma das propostas envolvendo o uso de fontes pode ser identificada com a educação patrimonial. Discutir questões voltadas à educação patrimonial significa criar uma consciência e uma sensibilidade para olhar o próprio espaço em que se vive e convive, tomando como objetos de estudo, como referências para o processo educativo, os suportes do patrimônio cultural do local/região.

Tal patrimônio é constituído por bens culturais da comunidade, que podem ser de ordens ecológica, científica, natural, histórica, artística, religiosa, arquitetônica, arquivística e iconográfica, entre outras.

> *Segundo o Iphan, o Patrimônio pode ser dividido em três grandes categorias:*
> *O natural: que são os elementos pertencentes à natureza, ao meio ambiente. Por exemplo: as cachoeiras, os rios, as matas, os animais etc.*
> *O saber e o fazer: é todo o conhecimento do homem aplicado no meio em que vive. Por exemplo: o polir a pedra, o cortar uma árvore, o transformá-la em outro objeto. Enfim, todas as técnicas que envolvam o conhecimento humano. [...]*
> *Neste grupo incluem-se também os usos e costumes, as crenças, as músicas, as danças, as festas, a religiosidade, chamado de Patrimônio Imaterial e recentemente protegido por Lei Federal.*
> *Os objetos: neste grupo estão presentes os bens tangíveis, sólidos, resultantes do saber fazer. Por exemplo: os edifícios, os artefatos em geral, os sítios arqueológicos, a documentação histórica escrita, a fotografia, os objetos de arte etc.*
> (Fonte: INSTITUTO DO PATRIMÔNIO HISTÓRICO E ARTÍSTICO NACIONAL [BRASIL]. *Preservação do patrimônio cultural.* Curitiba: Iphan/10ª SR Paraná, 2007. p. 9-11.)

Considerar os bens culturais de cada comunidade é valorizar os diferentes registros e a possibilidade de produzir análise documental sobre eles, constituindo-se em uma rica fonte de ensino. Para tanto, a utilização de fontes históricas na escola remete à oportunidade de o aluno dialogar com realidades do passado, construindo o sentido de análise e contribuindo para a significação do saber histórico. Os trabalhos de preservação da memória local e coletiva possibilitam a análise de diferentes realidades patrimoniais estabelecendo enriquecedores diálogos com o passado (Luporini, 1997a).

Para saber mais

> O Instituto de Patrimônio Histórico e Artístico Nacional (Iphan) foi criado em 13 de janeiro de 1937 pela Lei n. 378, no governo de Getúlio Vargas. Já em 1936, o então ministro da Educação e Saúde, Gustavo Capanema, preocupado com a preservação do patrimônio cultural brasileiro, pediu a Mário de Andrade a elaboração de um anteprojeto de lei para salvaguarda desses bens. Em seguida, confiou a Rodrigo Melo Franco de Andrade a tarefa de implantar o Serviço do Patrimônio. Posteriormente, em 30 de novembro de 1937, foi promulgado o Decreto-Lei n. 25, que organiza a "proteção do patrimônio histórico e artístico nacional". O Iphan está hoje vinculado ao Ministério da Cultura.
> (Fonte: INSTITUTO DO PATRIMÔNIO HISTÓRICO E ARTÍSTICO NACIONAL [BRASIL]. *Regimento interno*. Disponível em: http://portal.iphan.gov.br/portal/montarPaginaSecao.do?id=11175&retorno=paginaIphan. Acesso em: 18 abr. 2013.)

No artigo "Arquivo escolar: fonte de pesquisa histórica", João Valdir Alves de Souza (1998, p. 25) aponta para as reflexões sobre as fontes que fazem parte da vida escolar, isto é, os registros realizados pela própria escola (como atas, registros de reuniões, documentos de alunos, professores etc.). São fontes valiosas sobre a história da escola e da localidade onde está inserida, as quais podem ser exploradas nas aulas de História.[2]

Afirma o autor:

> Os arquivos das milhares de escolas espalhadas pelo País afora são uma fonte potencial de rica documentação para a pesquisa histórico-sociológica em educação. Grande parte dos professores sequer se dá conta de que o arquivo morto de uma escola é algo mais do que um monte de papéis velhos, poeirentos e mofados. Chamo, pois, a atenção dos educadores para a necessidade de

Fotos: Acervo Escola Caetano de Campos

Prédio Escola Normal Caetano de Campos – 1894 – São Paulo/SP.

Alunas em sala de aula da Escola Normal Caetano de Campos – 1908 – São Paulo/SP.

2 - Essa questão será retomada no Capítulo 2 – Relação com o passado.

preservação desses arquivos. É simplesmente assustadora a quantidade de informações que nos chegam sobre arquivos que viraram cinzas. Não há, nesse caso, o que fazer, senão lamentar. Em um país onde já se tornou senso comum lamentar a ausência de memória, talvez seja importante recomendar aos educadores um pouco mais de preocupação com o passado. Quem sabe, assim, poderemos, no futuro, lamentar menos.

A partir dessa reflexão, é fundamental considerar que o arquivo escolar possui importantes fontes sobre a história da escola, dos alunos, da prática pedagógica, das festividades promovidas e, sem dúvida, pode ser incorporado às aulas de História.

Fotos: Arquivo pessoal (Teresa Jussara)

Década de 1930. Crianças no recreio – Escola Senador Correia – Ponta Grossa – PR.

Década de 1930. Atividades diversificadas – Escola Senador Correia – Ponta Grossa – PR.

Assim como o autor do artigo destaca a importância do cuidado com o arquivo, seria também importante que este fosse "alimentado" com registros produzidos por alunos e por professores, como atividades dos alunos, fotos de momentos dentro e fora da sala de aula, registro do planejamento do professor, entre outros.

Dessa maneira, o arquivo escolar continua sendo um depositário da vida escolar e, quem sabe, seja possível "arquivar" a vida cotidiana de tantos alunos e professores que diariamente fazem da escola um espaço de experiências.

Tendo em vista que parte de uma problematização, o ensino de História remete à ideia de que o passado não possui um valor em si mesmo, ou seja, a possibilidade do questionamento propicia aos alunos o envolvimento dos conhecimentos adquiridos.

É possível afirmar que o trabalho com fontes pode proporcionar aos alunos outra relação com a História, favorecendo uma relação diversificada com o conhecimento histórico, compreendendo-o como algo diferente do "acúmulo de informações". Também permite a experiência da provocação, do "confronto", pois a relação com as fontes pode favorecer a comparação e a observação de um passado que está no presente.

Trabalho com fontes históricas | **41**

Por uma ação reflexiva

O trabalho com fontes históricas não se identifica com a ideia de um "recurso" para as aulas de História. Sua presença nessa disciplina é um aspecto obrigatório, porém o trabalho com as fontes deve ser integrado gradativamente à prática dos professores e dos alunos, possibilitando aos discentes o contato com diferentes fontes históricas.

É importante ressaltar que o trabalho com fontes deve contribuir para que os alunos desenvolvam a capacidade de ler e de interpretar, organizando argumentos em relação à História. Com base nessas e em outras preocupações, cabe refletir:

▸ Qual é o significado do trabalho com fontes para o ensino de História?
▸ De que maneira as crianças se relacionam com as diferentes fontes históricas?

Proposta prática:
uso de fontes no ensino de História

O uso de fontes no ensino de História (como os documentos escritos, as fotografias, os desenhos e pinturas, filmes, entre outras) são fundamentais para a aprendizagem histórica. Após a reflexão sobre algumas delas, são propostas algumas práticas de uso dessas fontes em sala de aula.

Atividades para sala de aula

Roteiro para análise de filme

1. Identificação

Título:

Diretor:

Produtor:

Atores principais:

2. Temática

Período histórico:

Localização espacial:

3. Representações relativas a questões sociais, políticas e econômicas da época

4. Sugestões de aplicação didática. (Luporini, 1989)

Atividades com fotografias

▸ Trazer para a sala de aula uma coleção de fotografias tiradas ao longo do tempo.

▸ Dividir a sala em pares, tentando sequenciar as fotografias uns dos outros. Como a sequência é selecionada? Isto está correto? Caso contrário, por que não? Isto é mais fácil com mais/menos fotos, intervalos mais longos? Há evidência

de mudanças ao longo do tempo (em roupas, pessoas e atividades)? Elas são rápidas ou lentas?
- Contar a história de outra pessoa a partir da evidência das fotografias. O quanto isto é verdadeiro? O que você não sabe? Por quê?
- O quanto esta história é válida? (Por exemplo, as fotos são posadas ou espontâneas? Que tipo de ocasiões elas retratam? Quais são os tipos de sentimentos retratados? Outras pessoas na foto iriam contar a mesma história? A idade da foto (por exemplo, preto e branco) influencia inferências? (Cooper, 2012, p. 163)

Roteiro possível para análise de fotografia

Articulação entre a análise comunicacional e a crítica histórica

a) Aspectos da produção técnica.

b) Elementos de referência e localização do contexto.

c) Natureza da mensagem veiculada.

d) Objetivo de produção e repercussão na mídia (Luporini, 1989; cf. Napolitano, 1997).

Descrição de fontes documentais

a) Documento (descrição da fonte).

b) Localização (indicação do acervo do qual faz parte).

c) Tipo de documento (quem ou qual instituição é responsável por sua elaboração/existência).

d) Conteúdo (descrição dos dados que o documento contém).

e) Contexto sócio-histórico em que se insere.

f) Possibilidades de sua utilização. (Luporini, 1989)

Roteiro para análise de jornal

a) Qual é o aspecto do jornal que mais lhe chamou a atenção?

b) Que tipo de notícias o periódico apresenta? Qual é o objetivo da publicação? Qual é a direção que se propõe a seguir? Como influencia a opinião do leitor?

c) Quais são os tipos de anúncios veiculados pelo jornal?

d) Quais são as seções que o jornal contém?

e) De que natureza são as notícias interessantes?

f) O jornal apresenta fotografias, ilustrações, charges, gráficos, mapas, roteiros?

g) Qual é a maior dificuldade apresentada na leitura do jornal? (Luporini, 1989)

Roteiro para análise de publicidade (anúncios de jornais e revistas)

a) Tipo de produto e público-alvo.

b) Análise contextual (ambiente, personagens e ação desenvolvida).

c) Tentativa de convencimento do destinatário.

d) Linguagem e valores implícitos na mensagem (Luporini, 1989; cf. Schmidt, 1997).

Livros sugeridos para ações literárias

Álbum de família
- Lino de Albergaria
- Ilustrações: Ana Maria Moura
- Edições SM

No tempo dos bisavós de Manuela, tudo era diferente... Naquela época, as mulheres colocavam chapéu quando saíam às ruas e as pessoas se sentavam na varanda para ouvir histórias. Tudo isso dá uma saudade dos tempos antigos!

Anne Frank
- Josephine Poole
- Ilustrações: Angela Barrett
- Edições SM

De forma sensível, este livro traz a história de Anne Frank, uma menina judia cujo diário foi publicado na Holanda, em 1947, depois da Segunda Guerra Mundial (1939-1945). Em suas memórias, ela conta sobre o tempo em que ficou escondida em um prédio em Amsterdã, na Holanda, até ser descoberta pelos nazistas. Em seguida, foi enviada para um campo de concentração, onde morreu meses depois.

As cores e as dores do mundo
- Sandra Branco
- Ilustrações: Claudia Cascarelli
- Cortez Editora

Um menino e seu cão são os personagens desta história cheia de ternura e companheirismo. Com o passar dos anos, os laços de amizade entre ambos se tornam tão fortes, que nem mesmo a dor da separação consegue romper esse elo, nem apagar o colorido das doces lembranças dos momentos que passaram juntos.

Perdidos e guardados
- Erica Pontes
- Ilustrações: Leka
- Cortez Editora

Bia é uma menina como tantas outras que descobre uma brincadeira diferente: em uma grande caixa, ela vai guardando os tesouros perdidos, esquecidos no dia a dia agitado dos adultos. No entanto, esses objetos querem e necessitam ser encontrados. Uma história emocionante que vai sensibilizar leitores de todas as idades.

Qual a história da História?
- Lílian Lisboa Miranda e Silmara Rascalha Casadei
- Ilustrações: Tati Móes
- Cortez Editora

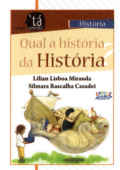

Como um verdadeiro passeio no tempo, as aventuras da turma da escola seguem em suas grandes descobertas. Instigados pela irrequieta Maria Clara, os alunos mergulham nas conversas com uma historiadora para compreender, de forma descontraída, o sentido da História. Com uma linguagem divertida e interativa, a obra apresenta aos leitores informações fundamentais para a compreensão de nossa cultura e das características dos tempos atuais.

Para além da sala de aula

Como o presente capítulo procurou desenvolver possibilidades de trabalho metodológico a partir de fontes históricas, são apontadas, na sequência, algumas sugestões para a análise de diversas fontes, inclusive as que estão disponíveis na comunidade e no entorno da unidade educacional, referendando aspectos da Educação Patrimonial.

No artigo "Por que visitar museus?", os autores Adriana M. Almeida e Camilo de Melo Vasconcellos (1997) apontam alguns aspectos que devem ser levados em conta no planejamento de uma visita ao museu. A ideia do roteiro aponta possibilidades para uma prática que envolva a visitação a esse local.

A seguir, apresenta-se um roteiro, que, por certo, pode ser adaptado:

Roteiro de visita a museus

- Definir os objetivos da visita.
- Selecionar o museu mais apropriado para o tema a ser trabalhado (ou uma das exposições apresentadas, ou parte de uma exposição, ou ainda um conjunto de museus).
- Visitar a instituição antecipadamente até alcançar uma familiaridade com o espaço a ser trabalhado.
- Verificar as atividades educativas oferecidas pelo museu e se elas se adequam aos objetivos propostos. Nesse caso, adaptá-las aos próprios interesses.
- Preparar os alunos para a visita por meio de exercícios de observação, estudo de conteúdo e conceitos.
- Coordenar a visita de acordo com os objetivos propostos ou participar de visita monitorada, coordenada pelos educadores do museu.
- Elaborar formas de dar continuidade à visita quando voltar à sala de aula.
- Avaliar o processo educativo que envolveu a atividade, para aperfeiçoar o planejamento das novas visitas, em seus objetivos e escolhas (Almeida e Vasconcelos, 1997, p. 114).

Sugestão para a investigação do patrimônio cultural da comunidade

Levantamento de bens culturais

- Definição do bem cultural a analisar.
- Construção da questão-problema (formulação de hipóteses/definição da linha de investigação).
- Articulação de elementos explicativos.
- Evolução física (estilo, tipo de construção) do monumento/manifestação cultural.
- Relação do documento/manifestação com o contexto político, administrativo, socioeconômico.
- Contemporaneidade do monumento/manifestação com outros similares (regionais, nacionais, internacionais).
- Levantamento de dados.
- Orientações docentes (debate em sala de aula).
- Pesquisa bibliográfica: coleta de dados (trabalho de campo).
- Triagem dos dados (análise).
- Produção de relatórios.
- Tratamento dos dados (organização do plano de apresentação por meio de relatórios, produção de textos escritos, registros iconográficos).
- Síntese do trabalho (avaliação).
- Divulgação.
- Nova questão-problema.

Roteiro para observação de praças públicas e bairros da cidade

Nome do local (praça/bairro)	
Região da cidade em que se situa	
Aspectos físicos (vegetação, sanitários, caminhos, bancos, bancas, ambulantes)	
Aspectos históricos (ontem e hoje)	
Monumentos (origem da praça, placas comemorativas)	
Limites O que se vê ao redor da praça: comércio, lojas. Serviços: ofícios, bancos, gastronomia. Lazer: cinema, teatros, jogos	
Tipos de frequentadores famílias, crianças, idosos, artistas, desocupados	

(Inspirado em: Luporini; Moura; Carvalho, 1998.)

A pesquisadora Hilary Cooper (2012, p. 163) também aponta possibilidades metodológicas para o trabalho com fontes, apresentadas a seguir.

Proposta de atividades pedagógicas com artefatos

- Cada aluno leva para a sala de aula "uma coisa" que considera interessante e importante. Ninguém opina sobre o artefato dele.
- Dispor todos os artefatos como se estivessem expostos em museus. Em pares, escrever etiquetas explicativas, trazendo informações sobre os objetos (idade, forma de utilização, de que forma eles impactaram na vida de quem os usou).
- Diferenciar entre o que você já sabe, o que você pode "adivinhar" e o que você não sabe.

▸ Por último, corrigir as informações presentes nas etiquetas dos artefatos. Razões por que estão incorretas. Você poderia descobrir mais? Como?

Em seu artigo "Exploração do pensamento arqueológico das crianças", o investigador português Flávio Ribeiro (2007, p. 194) registrou os resultados de uma pesquisa envolvendo o trabalho com artefatos arqueológicos.

Após a investigação, apontou-se que:
a) A utilização de fontes arqueológicas na aula de História permite aos alunos acederem mais facilmente ao passado, por causa do contato direto com elas. Esta vantagem didática do método arqueológico, não disponível em outras Ciências Sociais, está em consonância com os pressupostos construtivistas da aprendizagem.
b) Os objetos arqueológicos despertam nos alunos uma situação de interesse por causa do fator antiguidade. Desse modo, é possível criar uma dinâmica de aula mais ativa, criativa e participativa. O aluno vai sentir-se protagonista da aprendizagem e não unicamente um receptor de conhecimentos.
c) A manipulação e a observação de objetos arqueológicos leva o aluno para fora do espaço físico da aula, permitindo-lhe também fazer inferências acerca do passado na

esfera do social, da economia, da política, da arte, da religião, enfim, do cotidiano.

d) Essas estratégias de ensino parecem revelar-se importantes para o desenvolvimento do pensamento histórico de crianças e adolescentes, nomeadamente da compreensão empática de situações passadas.

Para conhecer mais

BITTENCOURT, Circe Maria Fernandes. *Ensino de História:* fundamentos e métodos. São Paulo: Cortez Editora, 2004.

COOPER, Hilary. *Ensino de História na Educação Infantil e Anos Iniciais:* um guia para professores. Curitiba: Base Editorial, 2012.

SCHMIDT, Maria Auxiliadora; CAINELLI, Marlene. *Ensinar História*. São Paulo: Scipione, 2004.

CAPÍTULO 2
Relação com o passado

*És um senhor tão bonito
Quanto a cara do meu filho
Tempo, tempo, tempo, tempo
Vou te fazer um pedido
Tempo, tempo, tempo, tempo...
Compositor de destinos
Tambor de todos os ritmos
Tempo, tempo, tempo, tempo
Entro num acordo contigo
Tempo, tempo, tempo, tempo...*[3]

3 - VELOSO, Caetano. Oração ao Tempo. In:_____. *Cinema Transcendental*. São Paulo: Verve Brasil, 1979.

Desenvolvimento da teoria e metodologia

No ensino de História, a relação com o passado por vezes é apontada como uma questão complexa de ser trabalhada ou por vezes minimizada nos encaminhamentos relacionados à organização da prática em sala de aula.

A história do ensino da disciplina aponta uma trajetória em torno da construção de uma forma de pensar o que ensinar e aprender em História. Entre os aspectos recorrentes nesse percurso, está a ideia acerca do tempo e do espaço. É possível perceber como tais ideias se configuram nos currículos, nas orientações didáticas, nos livros didáticos, nos manuais voltados à formação de professores.

Com base nesses ou em outros materiais, é possível perceber que a relação com a temporalidade foi matizada por diferentes campos. Por vezes, a Psicologia explicou como o ensino de História deveria construir a relação com o tempo.

Em 1994, a pesquisadora Ernesta Zamboni publicou o texto "Desenvolvimento das noções de espaço e tempo na criança", demonstrando uma preocupação com as reflexões sobre a noção de tempo em um momento em que o ensino de História retornava aos currículos escolares, depois de um período no qual os Estudos Sociais substituíram os ensinos de História e de Geografia.

A autora aponta as contribuições da psicologia da aprendizagem por meio dos escritos do epistemólogo suíço Jean Piaget. Com tal referência em relação à noção de tempo, Zamboni (1994, p. 67) escreveu:

> *A criança é capaz de sequenciar as etapas de uma história, distinguir o dia da noite, separar o dia entre o antes e o depois do almoço.*
> *Já a duração do tempo está intimamente ligada àquilo que lhe dá ou não prazer: ao desenvolver uma atividade prazerosa, o tempo é curto; já uma atividade desagradável que ocupe o mesmo tempo parece-lhe maior.*
> *Até os 7 ou 8 anos a criança distingue com clareza: os dias da semana, o ontem, o hoje e amanhã; indica o mês; dependendo do trabalho realizado ela é capaz de conhecer as horas sem entender exatamente o seu significado.*

Em documentos curriculares dos anos de 1990, bem como em manuais didáticos, a compreensão sobre o tempo é apresentada a partir das ideias de "tempo vivido" e "tempo concebido".

A professora Circe Bittencourt (2004, p. 200-201) afirma que o tempo vivido é aquele que se percebe nas etapas da vida, como infância, juventude, idade adulta. É o tempo biológico.

Afirma a autora:

> *Na nossa sociedade, o tempo biológico é marcado por anos de vida, geralmente comemorados nas festas de aniversário, e evidenciado em idades bem definidas, que possibilitam a entrada na escola, na vida adulta - a maioridade -, o direito de votar, de dirigir automóveis, o alistamento militar...*
>
> *Em culturas indígenas, as passagens do tempo biológico, embora não sejam delimitadas por idades, têm marcas ritualísticas importantes, realizadas por cerimônias que indicam as fases de crescimento e de novas responsabilidades perante a comunidade.*
>
> *Ao lado do tempo vivido, existe o tempo concebido, que é organizado e sistematizado pelas diferentes sociedades e tem por finalidade tentar controlar o tempo vivido.*
>
> *Assim se instituiu o tempo cronológico, o tempo astronômico, o tempo geológico.*
>
> *O tempo concebido varia de acordo com as culturas e gera relações diferentes com o tempo vivido. Na sociedade capitalista, apenas para ilustrar, "tempo é dinheiro", não se pode "perder tempo" e as pessoas são controladas pelo relógio.*

Com essas citações, é possível compreender a forma pela qual o ensino de História era influenciado diretamente pela Psicologia, isto é, a relação com o tempo estava relacionada a uma necessária maturação biológica para a compreensão do tempo.

Como o ensino de História buscava, a partir dos anos de 1990, sua organização nos currículos escolares, diversas publicações visavam ampliar as reflexões sobre a especificidade da História. Nesse contexto, foram publicados os Parâmetros Curriculares Nacionais (PCNs).

A ideia da temporalidade nos Parâmetros Curriculares Nacionais (PCNs)

Na década de 1990, foram publicados os Parâmetros Curriculares Nacionais (PCNs). Organizado pelo Ministério da Educação e do Desporto, esse material se apresentou, por meio do discurso oficial, não como um currículo obrigatório, mas como uma referência para a organização dos programas curriculares regionais.

A partir de 1997, os PCNs passaram a integrar as discussões acerca dos encaminhamentos referentes ao Ensino Fundamental, especialmente nos atuais anos iniciais.

O volume voltado ao Ensino de História para os anos iniciais (primeira fase do Ensino Fundamental) sistematizou uma discussão em torno de conceituações no ensino da História, apresentando noções como: o conceito de fato, de sujeito e de tempo histórico, buscando a relação desses conceitos com a historiografia e uma concepção de Educação.

Foram pontuadas questões sobre a temporalidade, isto é, a noção de tempo, do acontecimento breve, o tempo da conjuntura e o tempo da estrutura. Nesse sentido, ampliaram-se as reflexões sobre o tempo linear, ultrapassando, na perspectiva daquele material, a visão do tempo cronológico. Conforme os Parâmetros Curriculares Nacionais em História e Geografia (1997, p. 38):

> Os diferentes conceitos - de fato histórico, sujeito histórico e tempo histórico - refletem distintas concepções de História e de como ela é estruturada e constituída. Orientam, por exemplo, na definição dos fatos que serão investigados, os sujeitos que terão a voz e as noções de tempo histórico que serão trabalhadas.

Conforme segue:

Tempo cronológico

> No estudo da História é preciso considerar, então, que as marcações e ordenações do tempo, por meio de calendários, são uma construção que pode variar de uma cultura para outra. As datações utilizadas pela cultura ocidental cristã [...] são

Relação com o passado | **61**

apenas uma possibilidade de referência para localização dos acontecimentos em relação uns aos outros, permitindo que se diga a ordem em que aconteceram (Brasil, 1997, p. 84).

Tempo da duração

No estudo da História considera-se, também, a dimensão do tempo como duração, a partir da identificação de mudanças e permanências no modo de vida das sociedades. São essas mudanças que orientam a criação de periodizações, como, por exemplo, as clássicas divisões da História do Brasil, que distinguem os períodos Colonial, Imperial e República do Brasil, tendo-se como referência, principalmente, o tipo de regime político vigente em diferentes épocas. [...]
O estudo dos acontecimentos, do ponto de vista de suas durações, permite valorizar, também, diferentes dimensões de tempo, [...] sobre o tempo de curta, média ou longa duração (Brasil, 1997, p. 85).

Ritmos de tempo

> No estudo da História, considera-se, ainda, a dimensão do tempo que predomina como ritmo de organização da vida coletiva, ordenando e sequenciando, cotidianamente, as ações individuais e sociais. No caso, por exemplo, das rotinas de trabalho dos camponeses, que dependem da época do ano para plantar e colher, o ritmo da vida, que orienta suas atividades, está mais relacionado aos ciclos naturais. Nesse sentido, é possível falar que os camponeses vivenciam, no seu trabalho, um "tempo de natureza". Na produção de uma fábrica, por outro lado, onde os operários ganham pelas horas de trabalho, o ritmo de tempo é orientado, por exemplo, pela marcação mecânica das horas de um relógio. Esse ritmo de tempo, que pode ser chamado de "tempo da fábrica", é encontrado também em outras atividades sociais, como é o caso, por exemplo, das rotinas escolares (Brasil, 1997, p. 86).

Em relação às concepções de tempo, o documento aponta que não deve haver uma preocupação com uma perspectiva de tempo, mas sim com as diferentes construções culturais sobre o tempo.

Contrariamente a esse posicionamento, na maioria das vezes, a concepção de tempo e aprendizagem nos currículos ou documentos de orientação curricular encontra amparo nas teorias psicológicas. Essa forma de explicação encaminhou as discussões sobre a aprendizagem desconectada da ciência da História.

O passado e a aprendizagem histórica

Como apontado anteriormente, durante a segunda metade do século XX, as teorias advindas da Psicologia sobre a aprendizagem e o processo de desenvolvimento cognitivo influenciaram consideravelmente os currículos, as orientações didáticas, os manuais. Piaget e outros teóricos marcaram as investigações sobre a forma como crianças e jovens aprendem, desencadeando, por sua vez, uma série de discussões envolvendo as possibilidades de métodos e técnicas para ensinar alunos de diferentes faixas etárias.

Tais proposições estiveram presentes no ensino de História, quando se procurava atender aos estágios de desenvolvimento cognitivo dos alunos.

A preocupação em apontar caminhos para um ensino da História que constitua um desafio adequado ao pensamento histórico e às exigências sociais levou vários investigadores para novos rumos. Em alguns países, como no Reino Unido, por exemplo, pesquisadores como Peter Lee e Rosalyn Ashby têm explorado as concepções de crianças e jovens em situação de desafios em relação ao raciocínio histórico. Esses historiadores concluíram que as crianças aprendiam e gostavam de História mesmo quando ela parecia "difícil".

As pesquisas realizadas por esses e outros pesquisadores assumiram uma característica inovadora, pois são pautadas em reflexões sobre o ensino de História centrado em um trabalho efetivo dos alunos, sob a inspiração da pesquisa em cognição situada.

Segundo Maria Auxiliadora Schmidt (2009, p. 38):

> [...] *a cognição situada na História tem a preocupação de investigar quais seriam os mecanismos de uma aprendizagem criativa e autônoma, que possam contribuir para que os alunos transformem informações em conhecimentos, apropriando-se das ideias históricas de forma mais complexa. O pressuposto é buscar a construção de uma* literacia *histórica, ou seja, da realização do processo de alfabetização histórica de cada um.*

Partindo de proposições semelhantes quanto ao Ensino da História, tanto em Portugal, quanto no Brasil foram realizadas pesquisas sobre cognição histórica de crianças e jovens com o objetivo de trazer à luz estratégias cognitivas para o ensino de História, em que os professores conheçam a forma pela qual os seus alunos se relacionam com a História.

Segundo a pesquisadora Isabel Barca (2008, p. 24) essa forma de entender a relação entre ensinar e aprender História é pautada nos seguintes princípios:

> *A aprendizagem é construída pelos próprios sujeitos - daí a necessidade de dar voz aos alunos e procurar entender as suas ideias.*

> *A aprendizagem é estimulada quando as situações se apresentam significativas, com sentido pessoal.*
> *O meio social [...] é uma fonte de aprendizagem - por isso, as crianças e jovens vêm para a escola, para a sala de aula, com concepções a que urge atender.*
> *Tal como o contexto cultural em sentido lato, a escola, os professores e os pares contribuem para a aprendizagem de cada aluno - a interação social na escola pode exercer uma influência apreciável em cada sujeito.*
> *Dadas as múltiplas influências do contexto associadas a características pessoais, a aprendizagem ocorre sempre em situações específicas concretas; por isso se considera situada, contextualizada.*

Com tais argumentos relacionados à aprendizagem em História, ou seja, que ela é construída pelos sujeitos (alunos e professores), os quais possuem ideias sobre a História, sobre o passado, o ensino sobre o passado não pode ser dimensionado no ensino de História, como um "passado morto", mas como um passado que, de alguma forma, está presente no presente.

A partir das reflexões desencadeadas por meio do texto "O significado do passado na aprendizagem e na consciência histórica de jovens alunos", a pesquisadora Maria Auxiliadora Schmidt escreve considerações advindas de John Dewey envolvendo a relação entre a aprendizagem histórica e o estudo do passado.

Afirma Dewey (apud Schmidt, 2011, p. 82):

> *O passado é o passado e é preciso deixar os mortos enterrarem seus mortos.*
>
> *O presente e o futuro nos chamam com muita insistência para que nós nos permitamos mergulhar a criança num oceano de fatos desaparecidos para sempre.*

A indicação de Dewey, somada às reflexões da pesquisadora, destaca um dos importantes aspectos relacionados ao ensino de História, que é a relação com o passado. É recorrente encontrarmos alunos questionando o motivo de se estudar o passado. Qual o significado de aprender o que já aconteceu?

A citação anterior indica que esta não é uma expressão "nova" no ensino da História, portanto merecedora de reflexões e estudos por parte de todos que, de alguma forma, estão envolvidos com o ensino de História.

Nesta direção é possível perguntar:

Foto: Acervo Amir Piedade

Telefone da década de 1950 no Brasil.

- Qual é o significado do passado?
- De que maneira percebemos o passado no presente?
- Por que deveríamos considerar o tempo e seu ensino como algo importante?

Afirma Schmidt (2011, p. 83-84):

> *Tomar o passado como ponto de partida da aprendizagem histórica pressupõe uma ida ao passado por meio dos vestígios que dele encontramos no presente, pois esses vestígios fornecem a ponte para adentrarmos ao passado nele mesmo. Esse processo pode lembrar o ritual simbólico que existia entre os gregos e romanos, baseado na crença de que construir pontes era uma atividade sagrada, porque significava unir destinos que os deuses haviam separado.*

Ainda com base nas reflexões de Schmidt (2011), é possível perceber que o que nos "une" ao passado são as fontes; ou seja, a partir de fragmentos, vestígios do passado que existem no presente, é possível dialogar com o passado, não com um passado "morto", mas com os significados que os vestígios permitem conhecer, perguntar, interpretar.

> *A ida ao passado, no processo de aprendizagem histórica, pode ser considerado [...] que o importante não é aprender História, isto é, aprender o conteúdo da História, o importante é saber como, dos feitos, surge a História.* (Schmidt, 2011, p. 84).

Hilary Cooper (2006) defende que o trabalho sobre o passado ajuda as crianças no desenvolvimento da linguagem, que é fundamental nos primeiros anos da escolarização. Nessa direção, a forma como "ensinamos" sobre o passado é importante.

Com tais preocupações é possível realizar um trabalho envolvendo o conceito de tempo na Educação Infantil e anos iniciais do Ensino Fundamental, levando em conta a mensuração do tempo, a ideia de continuidade e mudança, as semelhanças e diferenças e também "o tempo e a mudança na vida das próprias crianças".

Para Cooper (2006, p. 177), é importante que as crianças sejam estimuladas a contar sobre fatos ocorridos em sua vida, a ordená-los e explicá-los.

> *Falamos sobre formas nas quais o passado era diferente, tais como: quando você era bebê, quando a vovó era pequena.*
> *Ajudamos a medir a passagem do tempo: o aniversário, as estações do ano, meses, semanas, dias.*
> *A linguagem do tempo é integrante de tais conversas: antes, depois; então, agora; ontem, amanhã, próxima semana.*
> *As histórias das próprias crianças podem se estender para saber mais sobre os avós e bisavós.*

Em relação ao tempo e às mudanças, é importante que as crianças sejam estimuladas a relacionar suas experiências com a história de outras crianças. É possível relacionar história de ficção com a ideia de mudança. Também as biografias de pessoas familiares às crianças podem ser utilizadas nas aulas de História, como uma forma de explorar o passado e a experiência delas.

Para Cooper (2006, p. 177-178):

> *As histórias dizem respeito, inevitavelmente, a eventos sequenciais ao longo do tempo, a discussões de causas e efeitos dos eventos e motivos pelos quais as pessoas se comportam de tal forma; "porque... sim". Crianças podem ser cativadas por histórias verdadeiras do passado. Histórias tradicionais – como contos de fadas, mitos, lendas – nos falam sobre pessoas do passado porque derivam da história oral. Dizem-nos como sempre existiram pessoas inteligentes e bobas, boas e más, pobres e ricas, em todas as sociedades. Dizem sobre as formas de vida no passado eram semelhantes às de hoje: pessoas compravam e vendiam coisas, viajavam, celebravam, tinham esperanças, medos e desapontamentos.*

A mesma autora (2012, p. 158) faz ainda importantes reflexões sobre os relatos do passado:

> *Não há um único "relato" do passado.*
> *Historiadores selecionam a partir de fontes que permanecem, unem suas peças e as interpretam.*
> *Os relatos que eles escrevem dependem de seus próprios interesses. Estejam eles interessados em reis e rainhas ou nas vidas das pessoas comuns; no passado distante ou recente, em mulheres poderosas ou indefesas; em roupas ou em ver como as coisas funcionam, em explicar o bem e o mal, a justiça e a injustiça; na história de seus próprios países ou de outros.*
> *Como novas evidências vêm à luz, com novas experiências, os*

relatos do passado mudam. Relatos variam demais, dependendo da época no qual foram feitos.

Como já se afirmou no Capítulo 1, é possível conhecer o passado por vestígios ou por documentos que foram deixados, intencionalmente ou não, pelas pessoas que viveram em outras épocas.

Desta maneira, para dialogar com o passado e pensar historicamente, é importante usar as "ferramentas" que os historiadores utilizam para "recriar" o passado. Ou seja, é preciso:

- saber encontrar e selecionar os fatos importantes para explicar o presente;
- organizar os fatos em uma perspectiva temporal, mostrando como fatos diferentes acontecem ao mesmo tempo, no mesmo lugar e em locais diferentes, como e por que ocorrem as mudanças, as permanências, as rupturas;
- construir nossas explicações sobre as relações entre o passado e o presente, a história de outros povos, outras pessoas e a história de cada um. Para isso, podem-se usar a escrita, o desenho e outras linguagens que existem;
- aprender a ler, questionar e interpretar os documentos que "falam" sobre esses fatos.

Os documentos "contam" sobre os fatos que aconteceram. Assim, nas aulas de História é importante que aprendamos a questionar, a conversar, a interpretar esses documentos, pois, a partir desse diálogo, será possível conhecer o passado que está no presente por meio dos documentos.

Nesta direção, os arquivos escolares constituem-se em fontes que podem "contar" sobre a vida das escolas.

Com a ideia de que arquivos escolares detêm documentos que possibilitam uma relação com o passado, a pesquisadora Teresa Jussara Luporini (1997, p. 31) escreveu:

Arquivos

Arquivos escolares são excelentes espaços para trabalhar as questões da temporalidade com alunos de tenra idade. A iniciar pelo conhecimento do espaço, condições de sua organização, tipo de documentação que guarda (administrativa e pedagógica).
As atividades administrativas produzem material sobre as funções burocráticas que lhes são inerentes e sobre a vida funcional da comunidade escolar. As atividades pedagógicas produzem material diretamente relacionado ao ensino, documentos sobre a turma, enquanto grupo e sobre os alunos, individualmente. Este material, a ficha individual do aluno, pode ser excelente material a ser trabalhado com as crianças

valorizando as questões que se relacionam à identidade individual, familiar e sua relação com a coletiva do alunado e da turma. [...]

Só a minoria das unidades escolares mantém seus arquivos permanentes organizados, o que pode colaborar para a perda parcial do acervo por falta de higienização e de identificação adequada. E, mais grave, ainda, é o descarte indiscriminado da documentação. [...]

A autora concorda com Ribeiro (1992, p. 60) quando afirma:

Os estatutos, os regimentos e os processos de registro trazem informações sobre a constituição, organização e funcionamento da escola e sua mantenedora. As atas da diretoria e dos conselhos e os relatórios [...] testemunham também sobre o funcionamento da escola e as mudanças verificadas. A utilização combinada dos estatutos e regimentos e dos livros permite [...] estudar o exercício do poder disciplinar. Através destes documentos, pode-se recuperar informações sobre o controle do tempo e dos espaços na instituição de micropoder que é a escola, sobre as atribuições hierárquicas, sobre os padrões de autoridade, além das transgressões e dos sistemas punitivos.

O posicionamento de Ribeiro (1992) explicita as amplas possibilidades que o arquivo escolar e os documentos nele depositados oferecem para a compreensão do tempo histórico. Luporini (1997) também se filia a essa concepção ao indicar as perspectivas de interpretação da documentação para a compreensão do tempo cronológico e do tempo histórico.

> *Também, as atas, relatórios, termos (de posse, de compromisso, visitas), livros de disciplinas escolares (notas, matérias lecionadas, material didático), livros de registro de punições, certificados de admissão são exemplos de documentos raros que integram o arquivo histórico-escolar e que revelam características históricas dos padrões de autoridade, hierárquicos, das normativas pedagógicas e seus rituais, entre muitos outros aspectos do cotidiano escolar.*
>
> *Além disso, nos trabalhos escolares, nos enunciados de provas, nas atas ou relatórios, nos planejamentos das aulas e anual, nos livros didáticos podem ser recuperados e utilizados como base para reflexão sobre as condições atuais de ensino. E tal perspectiva é mais valiosa na medida em que há uma tendência manifesta nos meios educacionais de valorização do estudo da memória local e uma grande sensibilização quanto às especificidades históricas e culturais do meio originário do aluno. Portanto, o arquivo escolar oferece múltiplas oportunidades de utilização sendo de vital importância para a pesquisa histórico--educacional* (1997, p. 31).

Como se pode verificar pelo posicionamento da referida autora, os arquivos escolares, além das possibilidades de aplicação como fonte histórica (já discutidas no primeiro capítulo), ainda oferecem a oportunidade para que os professores adotem estratégias cognitivas com a finalidade expressa de criar desafios aos alunos a fim de que exercitem o raciocínio histórico, compreendendo as complexas relações de temporalidade.

Pelo fato de a relação com o passado ser objeto de pesquisas e discussões, a pesquisadora portuguesa Glória Solé (2009) realizou uma investigação sobre o desenvolvimento de conceitos de tempo e da compreensão histórica pelos alunos dos primeiros anos de escolaridade. Entre as reflexões que registrou, a autora apontou algumas considerações sobre o calendário:

> *A aprendizagem da leitura e interpretação do calendário contribui para a compreensão das características qualitativas e quantitativas das unidades de medida de tempo, nomeadamente da semana e do ano.*
>
> *Desde o primeiro dia de aulas as crianças são confrontadas com a data que é escrita no quadro pelo professor, escrevendo-a diariamente no seu caderno, embora desconheçam e saibam explicar o seu significado, sobretudo quando os meses do ano estão escritos com algarismos, sem associarem os números aos nomes dos meses do ano. Com o uso sistemático deste instrumento os alunos apercebem-se que a data é constituída por vários elementos e é um importante referente temporal, que pode indicar um tempo passado, presente ou futuro.*
>
> *Na datação é evidente "a intercepção do conceito cronológico com o conceito temporal, na*

medida em que o dia, mês e ano são elementos constitutivos da data, e esta se relaciona com o conceito de passado, presente e futuro" (Maioli, 1990, p. 79).

*A capacidade de datar com precisão é adquirida progressivamente, através da aquisição do conceito de data, e é essencial para uma correta educação historiográfica. É importante por isso que os alunos contatem com diferentes tipos de calendários e vários instrumentos de medição do tempo de forma sistemática e continuada, **o que favorece e consolida a formação do conceito de tempo cronológico**.*

É importante realizar exercícios com o calendário para desenvolver nos alunos a capacidade de estabelecerem conexões entre o tempo cronológico e o tempo histórico.

Segundo Maioli (1990), é indispensável também, que desde muito cedo as crianças sejam confrontadas com "o tema da convencionalidade e da relatividade que podemos usar na contagem do tempo" (p. 93).

A discussão e o realizar exercícios práticos orais ou escritos são fundamentais para consolidar a aquisição destas noções temporais. A discussão e a leitura do calendário em grande grupo favorece a reflexão, a problematização e o avaliar do conhecimento cronológico adquirido, assim como analisar a capacidade dos alunos elaborarem novo conhecimento com a sua aplicação a novas situações, enquanto os exercícios escritos permitem identificar a aquisição do saber cronológico a nível individual (Solé, 2009, p. 132. Grifo nosso).

Nas contribuições da pesquisadora, é importante considerar que o calendário contribui com a organização do tempo cronológico, ou seja, a organização de dias, meses, anos etc. No entanto, é preciso destacar que a relação com o tempo no ensino de História leva em conta o vínculo estabelecido com o passado. Os alunos precisam ser estimulados a construir as próprias explicações sobre as relações entre o passado e o presente, as quais podem ser sobre a história de diferentes povos, como também explicações sobre a própria história.

Em História, o passado é expresso de forma narrativa, por isso é importante que nas aulas seja oportunizada a possibilidade do uso e da produção de narrativas.

Para Jorn Rüsen, pesquisador alemão que publicou e organizou várias obras nas áreas de teoria, didática e história da Historiografia, a narrativa está centrada justamente nesta questão: a aprendizagem em História, pois, para o pesquisador: "Aprender é um processo dinâmico em que a pessoa que aprende é transformada" (2010, p. 82).

Narrar histórias em aulas de História é uma forma de relatar o passado e, por conseguinte, interpretá-lo. Nesse sentido, as narrativas constituem-se em uma ferramenta fundamental no processo de ensino e aprendizagem. Afirma Rüsen (2001, p. 155):

> *Para a narrativa histórica é decisivo [...] que sua constituição de sentido se vincule à experiência do tempo de maneira que o passado possa tornar-se presente no quadro cultural de*

orientação da vida prática contemporânea. Ao tornar-se presente, o passado adquire o estatuto de "história".

Com base nas contribuições de Rüsen e em pesquisas que vêm sendo sistematizadas, é possível perceber o significado que as narrativas têm para o ensino de História; ou seja, a narrativa é a expressão da aprendizagem histórica, por isso merece uma especial atenção e um aprofundamento teórico sobre sua importância no ensino de História.

Por uma ação reflexiva

Após se considerar as questões teórico-metodológicas indicadas no presente capítulo, apresentam-se como propostas de reflexão docente os seguintes tópicos:
▶ De que forma as crianças se relacionam com a ideia de passado?
▶ De que maneira o passado é abordado/retratado nos currículos escolares e livros didáticos?

Proposta prática:
a relação com o passado por meio de fontes

Retoma-se a questão anteriormente apontada de que é necessário que a relação com o passado seja construída por meio de "pontes". Como principal expressão dessa construção está a narrativa. Nessa perspectiva propõem-se as atividades que seguem.

Narrativa

Em seu livro *O tempo que o tempo tem* (1997), a autora, Marisa Prado, escreveu sobre o tempo:

O tempo que o tempo tem
Mamãe apressava o Menino:
- Anda, filho, senão a gente se atrasa!
Menino não sabia por que o tempo corria,
por isso nem se mexia.

Continuava brincando,
Parecia não escutar.
Menino não entendia pra que tanta pressa.
Já quase toda arrumada,
Mamãe ia tomando providências.
Ligava para o trabalho,
dava ordens para a empregada,
orientava o Menino.
Uma mão no telefone,
a outra ajeitando o cabelo.
Mamãe ia tentando
ser a um só tempo uma e mil.

Sugestão de atividade

▸ Ler o poema com os alunos, destacando-lhes que essa foi a forma utilizada pela referida autora para falar sobre o tempo. É possível que eles também relatem como é a concepção de cada um sobre o passado (isso pode ser feito por meio de narrativa ou de desenho).

A história do caderno

A história do caderno faz parte da história da escrita e do livro. Na antiguidade, os egípcios, os gregos e os romanos estavam sempre em busca de novas técnicas para proteger os seus escritos. A princípio, eles *usavam um papel rústico, feito de papiro, uma planta comum no Egito. Ela era umedecida e ligeiramente amassada, para ganhar uma consistência grudenta. Depois, suas fibras eram trançadas e postas para secar.*

O papel feito a partir do papiro, porém, era muito frágil. E, com o tempo, surgiram outras formas de conservar os escritos até que se chegou ao códex: algo com formato muito parecido com o dos livros atuais. No início, ele era feito de folhas de pergaminho, ou seja, de couro animal lavado, esticado e seco. O pergaminho era dobrado duas vezes, gerando quatro páginas, chamadas pelos antigos romanos de quaterni, *termo que originou a palavra caderno. O pergaminho usado dessa maneira, porém, costumava ondular com o tempo. Assim, surgiu a prática de colocá-lo entre duas tábuas de madeira, para deixá-lo esticado. Outro detalhe: suas folhas eram costuradas com nervos e tiras de couro.*

(Fonte: *Revista Ciência Hoje das Crianças*, ano 20, n. 176, jan.-fev. 2007.)

Sugestão de atividade

- Ler o texto com os alunos.
- Refletir com eles sobre as mudanças ocorridas na confecção do caderno ao longo dos tempos.
- Analisar a forma como usamos esse item no presente.

Autor desconhecido. *Criança segura um hornbook*. 1661.

A partir das discussões e das fontes utilizadas, solicitar que as crianças escrevam uma narrativa sobre o caderno do passado e o caderno do presente.

O bolo

A tradição de comer bolo surgiu há aproximadamente 200 anos, na Alemanha. Eram preparados com massa de pão e cobertos com açúcar. O povo conta que, se o bolo do aniversariante murchasse no forno, o ano seguinte seria muito ruim. Também era costume colocar moedas e joias dentro dos bolos para garantir riqueza e felicidade para a pessoa premiada.

Foi na Idade Média que iniciou o costume adotado até hoje de colocar velas no bolo de aniversário. Os camponeses faziam festas para o aniversariante desde o amanhecer do dia. As velas eram acesas, e a criança acordava com a chegada do bolo, que sempre tinha uma vela a mais, representando a luz da vida.

As velas no bolo

Começou com os gregos a tradição de apagar velinhas. Eles acendiam velas no bolo e ofereciam à deusa Ártemis. Para eles, a chama das velas simbolizava as luzes do luar (Júnior; Cúnico, 2011).

Sugestão de atividade

- Solicitar que as crianças contem oralmente (ou registrem por meio de um texto narrativo ou de um desenho) sobre as festas de aniverário do passado e do presente.

As brincadeiras infantis

Sugestão de atividade

- Levar para a sala de aula uma foto com crianças sobre uma carroça.
- Solicitar que as crianças observem a foto e relatem o que perceberam (o espaço, as pessoas retratadas, as vestimentas, o que estão fazendo etc.).
- Por meio do diálogo, elas devem ser estimuladas a perceber o passado e a expressar como compreendem o presente.
- Estimular os estudantes a refletirem sobre o passado, fazendo um paralelo entre passado e presente. Para isso, eles

podem levar para a sala de aula uma foto dos tempos atuais, que será comparada à fotografia antiga.

Acervo das autoras. Campo Largo, 1910 – *Crianças andam de carroça.*

- Posteriormente, levar para a sala de aula outras fotos retratando crianças em diferentes épocas.
- Fazer com os alunos os seguintes questionamentos:
    – De que se tratam as fotos?
    – O que elas representam?
- Solicitar que eles investiguem como eram as brincadeiras e os brinquedos da infância de pessoas com as quais convivem (avôs, avós, tios, tias, pai, mãe etc.).

Relação com o passado | **85**

Acervo das autoras. *Curitiba, início do século XX.*

Acervo das autoras.
Criança e boneca.

Livros sugeridos para ações literárias

Guilherme Augusto Araújo Fernandes
• Mem Fox
• Ilustrações: Julie Vivas
• Editora Brinque-Book
A temática principal do livro é a memória. A narrativa traz a história de um menino, Guilherme Augusto Araújo Fernandes, e sua amizade com Dona Antônia, que havia perdido sua "memória". Então, ele faz tudo para que sua amiga se lembre de fatos passados.

Moda: uma história para crianças
• Katia Canton
• Ilustrações: Luciana Schiller
• Editora Cosac Naify
Abordando como os modos de se vestir explicam o comportamento da humanidade ao longo dos tempos, a autora vai da pré-história à corte de Luís XIV, passando pelos precursores da alta-costura no século XIX, até os estilistas modernos.

O cheiro da lembrança
- Celso Sisto
- Ilustrações: João Lin
- Editora Prumo

Utilizando de sinestesia, o autor escreve sobre como a "memória olfativa" evoca lembranças de tempos passados.

O dia em que minha avó envelheceu
- Lúcia Fidalgo
- Ilustrações: Veruschka Guerra
- Cortez Editora

As doces lembranças da infância, os sorrisos e brincadeiras, são lembrados pela narradora-personagem, até o momento em que sua avó, por causa de problemas decorrentes do envelhecimento, se distancia do mundo e das pessoas queridas.

Os meses do ano
- Amir Piedade
- Ilustrações: Roberto Melo
- Cortez Editora

Este livro propõe uma viagem ao passado da humanidade. Nele, o autor revela o significado dos nomes dos meses, dando uma aula de história romana e da formação da Língua Portuguesa. A obra incentiva as crianças a sentirem prazer na pesquisa e na descoberta do conhecimento como forma de valorização e respeito por todas as culturas.

Para além da sala de aula

Como sugestão, organizar com os alunos uma "Agenda da Semana", que leve em conta as diversas atividades realizadas pelas crianças, por exemplo: horário da escola, compromissos com os amigos, atividades esportivas, entre outros.

Discutir com os alunos as diferenças de cada época. Na obra *Como fazíamos sem...*, a autora traz curiosidades sobre como era o cotidiano nos tempos em que objetos (até comuns para os dias atuais) ainda nem haviam sido inventados. A seguir, está um fragmento retirado do livro:

Como fazíamos sem... escova de dentes

Nossos antepassados até que foram rápidos para perceber a necessidade de limpar os dentes (também, não devia ser lá muito fácil disfarçar o bafo de ficar dias sem dar um trato na boca). A escova mais antiga de que se tem notícia foi encontrada numa tumba egípcia de 3000 a.C. Bem diferente das escovas de hoje, ela era um pequeno ramo de árvore, do tamanho de um lápis mais ou menos, e tinha a ponta desfiada até restarem apenas fibras, formando uma espécie de vassourinha. Em geral, as pessoas escolhiam ramos de plantas aromáticas, assim, além de limpar os dentes, a escova improvisada servia para refrescar a boca e melhorar o hálito.

Alguns historiadores também apontam os egípcios como os primeiros a testar receitas de pasta de dentes. Registros antigos mostram que eles usavam uma mistura de pimenta, sal, folhas de menta e flor de íris na tentativa de espantar o bafo e deixar os dentes saudáveis.

Já a escova de cerdas só foi aparecer na China em torno de 1498. A haste era uma varinha feita com bambu ou com um pedaço de osso e as cerdas eram feitas com pelos de porco. Mais tarde, foram os cavalos que tiveram de ceder suas crinas para os nossos sorrisos brilhantes (Soalheiro, 2006. p. 102-104).

Para conhecer mais

BITTENCOURT, Circe Maria Fernandes. *Ensino de História*: fundamentos e métodos. São Paulo: Cortez Editora, 2004.

BRASIL. Secretaria de Educação Fundamental. *Parâmetros Curriculares Nacionais*: História, Geografia. Brasília, DF: Ministério da Educação e Cultura/Secretaria de Educação Fundamental, 1997.

CAINELLI, Marlene; SCHMIDT, Maria Auxiliadora (Orgs.). *Educação histórica*: teoria e pesquisa. Ijuí: Unijuí, 2011.

COOPER, Hilary. *Ensino de História na Educação Infantil e anos iniciais:* um guia para professores. Curitiba: Base Editorial, 2012.

> CAPÍTULO 3

Direitos Humanos e diversidade étnico-cultural

A educação em Direitos Humanos deve lidar, necessariamente, com a constatação de que vivemos num mundo multicultural. Assim, a educação em Direitos Humanos deve afirmar que pessoas com diferentes raízes podem coexistir, olhar além das fronteiras de raça, língua, condição social e levar o educando a pensar numa sociedade hibridizada (Silva, 1995, p. 97).

Desenvolvimento da teoria e metodologia

Falar em "direitos" em uma época de ameaças em relação à vida, à segurança e à dignidade parece, a princípio, profundamente desafiador. Atualmente, há uma crise em relação ao significado do direito. O apelo ao individualismo favorece atitudes de competição que muitas vezes rotulam pessoas, profissões, lugares, entre outros aspectos.

> *Todos os homens nascem livres.*
> *Todos os homens nascem iguais e têm, portanto os mesmos direitos.*
> *Todos têm inteligência e compreendem o que se passa ao seu redor.*
> *Todos devem agir como se fossem irmãos.*

Essa citação foi retirada do livro *Declaração Universal dos Direitos Humanos* da escritora Ruth Rocha e do artista plástico Otavio Roth (2006). Na obra, os autores relatam como foi elaborada a Declaração dos Direitos Humanos com uma linguagem que favorece a compreensão das crianças e, ao mesmo tempo, chama a atenção para a necessidade de reflexões e ações que envolvam a escola, de forma especial, a sala de aula.

A Declaração dos Direitos do Homem e do Cidadão foi aprovada em 26 de março de 1789, na França. Este documento foi considerado um avanço para os Direitos Humanos no mundo inteiro.

As bases dos Direitos Humanos são estabelecidas
Liberdade e igualdade passaram a ser pontos principais de respeito humano. Esse pensamento se alastrou por todo o mundo e, desde então, os homens começaram a se preocupar em escrever leis que estabelecessem esses princípios, sem distinção de raça, cor, sexo, língua, religião ou opinião política (Hoestland, 2002, p. 32).

Em nível brasileiro, além das legislações criadas nos primeiros anos da década de 2000, cabe destacar o contido no Plano Nacional de Educação em Direitos Humanos – PNEDH (2007, p. 17), em que se afirma que a Educação em Direitos Humanos é:

> *[...] compreendida como um processo sistemático e multidimensional que orienta a formação do sujeito de direitos, articulando as seguintes dimensões:*
> *a) apreensão de conhecimentos historicamente construídos sobre direitos humanos e a sua relação com os contextos internacional, nacional e local;*
> *b) afirmação de valores, atitudes e práticas sociais que expressem a cultura dos direitos humanos em todos os espaços da sociedade;*
> *c) formação de uma consciência cidadã capaz de se fazer presente nos níveis cognitivo, social, ético e político;*

d) desenvolvimento de processos metodológicos participativos e de construção coletiva, utilizando linguagens e materiais didáticos contextualizados;
e) fortalecimento de práticas individuais e coletivas que gerem ações e instrumentos em favor da promoção, da proteção e da defesa dos direitos humanos, bem como da reparação das violações.

Mas a abordagem da temática Direitos Humanos não decorre exclusivamente de aspectos legais que destacam princípios, normas, valores e assuntos específicos. Também se origina de mudanças ocorridas no ensino de História quando, a partir da década de 1980, emergiram várias temáticas em função do contexto que marcava a educação brasileira. As "novas" necessidades provocaram discussões em torno do currículo, dos livros didáticos, entre outros temas. A liberdade, o respeito às diferenças, o papel da mulher, a situação dos indígenas e negros na sociedade brasileira assumiram um espaço significativo no ensino de História.

A presença dessas temáticas representaram uma tentativa de rompimento com uma forma de ensino que não correspondia ao momento histórico. Elas foram inseridas nos currículos e tornaram-se parte integrante dos conteúdos desenvolvidos no ambiente escolar.

Diante desse movimento em torno das temáticas apontadas, acredita-se que é importante pensar sobre os fundamentos que sustentam os novos temas, bem como a correspondente metodologia no ensino da História e o espaço que a disciplina ocupa no currículo escolar.

Articular a Educação em Direitos Humanos à valorização da diversidade étnico-racial é uma opção de análise e discussão das questões presentes no sistema capitalista que se filia à ideologia do individualismo e colabora para a exacerbação das desigualdades econômicas. Para se contrapor a essa realidade, a Educação em Direitos Humanos trabalha na direção de criar uma cultura que respeite as diferentes dimensões identitárias, presentes historicamente na sociedade brasileira, seja no espaço nacional, seja no espaço regional ou local.

Visando tal perspectiva, afirma Morgado (2012, p. 1):

Símbolo do Conselho dos Direitos Humanos – ONU

> *A Educação em Direitos Humanos busca promover processos de ensino e aprendizagem participativos e ativos, que tenham como fundamento uma educação em, sobre e para os Direitos Humanos. Dessa forma, tem como intenção gerar uma consciência que permita aos atores sociais assumir atitudes de luta e de transformação, diminuindo a distância entre o discurso e a prática dos Direitos Humanos no cotidiano.*

A partir desse ponto de vista, a educação é entendida como uma possibilidade de construção da cultura dos Direitos Humanos, da difusão destes direitos e de sua concretização no ambiente escolar e, também, na sociedade em geral, o que exige a formação inicial e continuada dos docentes e a valorização e a promoção desses direitos como componentes do processo ensino-aprendizagem. Vale destacar que não cabe apenas ao sistema educativo responder pela promoção e pela defesa dos Direitos Humanos. Essa é uma tarefa para toda a sociedade. No entanto, o sistema educativo integra a sociedade e deve se responsabilizar pelas tarefas específicas que lhe competem.

Currículo escolar, diversidade e Direitos Humanos

Não há como negar que o currículo formal é a referência que norteia o trabalho docente, pois é por meio de suas orientações metodológicas e dos conteúdos correspondentes que se processa a dinâmica educativa.

Visualizando o currículo na perspectiva dos Direitos Humanos e do respeito à diversidade, são fundamentais: a participação do professor em sua elaboração e a clareza quanto às possibilidades de sua aplicação, tanto do ponto do vista do currículo formal (programas, planos e textos de ensino) quanto do currículo "oculto" (valores, normas e relações pessoais e profissionais).

Daí porque se preconiza a transversalidade curricular para a construção de uma cultura de direitos humanos e não a criação de uma disciplina específica para seu estudo, dado que a Educação em Direitos Humanos deve ser operacionalizada de forma interdisciplinar por meio de vivências e práticas do cotidiano, tanto na formalidade do ambiente escolar quanto na informalidade da vivência em sociedade.

É no ambiente social que se observam processos de discriminação e negação do direito à diferença, portanto, de valores e atitudes preconceituosas que introjetam o ambiente escolar. Isto ocorre porque existem conflitos na sociedade que externam tensões da vida social, resultantes de processos complexos que impõem, por parte das classes hegemônicas, uma visão de história e de ocupação do espaço. É justamente por meio da possibilidade de apontar e discutir essas "diferenças" e da prevalência de direitos que a indicação dos conflitos existentes se torna possível como uma oportunidade de refletir sobre a transformação da realidade vigente pela participação efetiva e democrática de todos os envolvidos.

Também se permite ao professor assumir o papel de mediador entre o currículo formal e a aprendizagem de seus alunos, posicionando-se de forma crítica e participativa, com consciência de que atua movido por atitudes pautadas por valores pessoais e profissionais. Portanto, atitudes que exigem postura reflexiva que colabore para conscientizar os professores sobre condutas incoerentes e discriminatórias quanto a injustiças econômicas, políticas e sociais e a decorrente construção de atitudes de respeito, de abertura para o diálogo, de empenho para a defesa da justiça, de formalização de compromissos e de ações críticas, coerentes e responsáveis.

Preconceitos e estereótipos no currículo escolar

Os preconceitos e estereótipos presentes no ambiente escolar e no currículo oculto[4] decorrem da reprodução da dominação existente no sistema social que valoriza o individualismo e que promove a desvalorização das pessoas pertencentes a grupos minoritários ou indefesos.

A Educação em Direitos Humanos deve caminhar em direção oposta: respeitando e valorizando os seres humanos, promovendo o que Scavino (2000) denomina de "empoderamento", isto é, o fortalecimento das capacidades dos atores individuais e coletivos visando favorecer a construção da autovalorização e da autoestima.

No ambiente escolar, tal posicionamento vale tanto para professores quanto para os alunos, visando a afirmação de sua identidade.

4 - "Currículo oculto é constituído por todos aqueles aspectos do ambiente escolar que, sem fazer parte do currículo oficial, explícito, contribuem, de forma implícita, para aprendizagens sociais relevantes" (Silva, 1999, p. 78).

Como afirma Candau (2000, p. 11):

> *Todo trabalho em Educação em Direitos Humanos tem de começar por "empoderar" esses sujeitos para construir um processo afirmativo da sua identidade, seja ela pessoal, étnica, seja sua identidade de gênero, ou social, mas a construção de uma identidade positiva é fundamental nos processos de educação em Direitos Humanos.*

Desta forma podemos entender que, se há a indicação da necessidade de se "empoderar" pessoas e suas identidades, isto ocorre porque a escola e o currículo que desenvolvem se expressam de forma intencional em determinada direção, que, ao longo dos últimos anos, embora tenha respeitado o contexto da redemocratização política do País, não tem levado em consideração a alteridade e as diversas características identitárias dos diferentes grupos sociais, étnicos, de gênero ou de orientação sexual. Daí porque se exige, no espaço escolar, a adoção de procedimentos que incentivem a valorização de atitudes emancipatórias e de luta para superar as injustiças econômicas, políticas e sociais, contribuindo para a promoção de mudanças sociais pautadas pela ética e pela atitude político-pedagógica dos educadores na adoção de práticas e de recursos pedagógicos que respeitem os alunos como seres críticos, problematizando as realidades sociais próximas e remotas, por meio da reflexão e do diálogo apropriado a cada faixa etária.

Nessa perspectiva, por sua característica transdisciplinar, a Educação em Direitos Humanos pode valer-se de inúmeras linguagens verbais e não verbais, estéticas, com a valorização de diferentes canais de percepção (música, poesia, pintura, dança e teatro articulando e expressando o pensar e o sentir).

Sobre essa questão, explicita Morgado (2012, p. 20):

> *O grande desafio é a construção de uma proposta educativa que seja plástica, flexível, integradora e criativa no uso e na disposição de distintas linguagens, na elaboração de uma grande variedade de materiais didáticos que sirvam de apoio à tarefa educativa, sem, contudo, ser rígidos ou inflexíveis.*
>
> *É necessário privilegiar recursos metodológicos que levem intrinsecamente a mensagem dos Direitos Humanos tais como o diálogo, a problematização, a participação, o trabalho grupal, entre outros [...], em busca da construção de uma metodologia de ensino coerente.*

A autora ainda alerta que este processo exige uma permanente atenção dos educadores, pois

> *implica uma reflexão permanente, autocrítica constante, que pode ser um processo complicado, muitas vezes doloroso, pois pode confrontar posturas, discursos, convicções, valores arraigados, preconceitos e formas de ver o mundo. Supõe estar constantemente atento às próprias atitudes e, muitas vezes, aos próprios pensamentos.*

Tal condição é fundamental, porque vivenciar a educação em Direitos Humanos exige a articulação entre a experiência pessoal e coletiva, por não constituir-se em um "aprendizado estático, cristalizado em textos, declarações e códigos", porque ele "se recria e se reelabora permanentemente na intersubjetividade e nos conflitos sociais". Desta forma, constitui-se em construção do "saber que, muitas vezes, se apresentará contraditório, saturado de dilemas e situações ambivalentes. Ou seja, é um saber que conflitua, tensiona e problematiza" (Morgado, 2012, p. 12).

Nesse sentido, para responder às demandas do ensino, é importante que se destaque a dimensão da identidade cultural e do respeito à diversidade, questões que desafiam a escola e o currículo.

Identidade cultural e diversidade

Para Dowbor (1994, p. 77),

> a expressão e a vivência do sentimento de identidade é absolutamente vital para o ser humano e esta identidade é com relação a um grupo, com tradições, com valores, com uma língua ou um dialeto, com roupas, com cultura no sentido amplo.

A identidade, portanto, revela o sentido de pertencimento do indivíduo a um determinado grupo e aos aspectos simbólicos e materiais que determinam e revelam formas de viver e conviver, ligados, portanto, ao universo cultural.

Segundo Brandão (1996, p. 14),

> *a identidade cultural contém tanto o modo como um povo se reconhece historicamente como os elementos de autodefesa com que estes mesmos grupos se afirmam diante das investidas de grupos hegemônicos. A questão da identidade cultural está presente, também, no modo em que o Estado absorve e reinterpreta, em um projeto próprio, as reivindicações dos diferentes segmentos sociais.*

Considerando essa perspectiva, pode-se compreender porque os elementos de autodefesa estão presentes defendendo, mesmo que inconscientemente, concepções e formas de viver, seja no universo simbólico, seja no âmbito material.

> *Todos os povos têm tendência a afirmar que o seu modo de vida é melhor, mais correto ou, no mínimo, mais interessante do que o de outros povos. Isto é absolutamente normal e compreensível, na medida em que nós gostamos daquilo que aprendemos a gostar – e aquilo de que aprendemos a gostar é o que nos é oferecido como comum, correto, bonito em nosso contexto imediato.*
> (Fonte: Gênero e diversidade na escola: formação de professoras/es em Gênero, Sexualidade, Orientação Sexual e Relações Étnico-Raciais, 2009, p. 192.)

A tendência apontada, o etnocentrismo, define a forma como um grupamento humano defende valores, atitudes e modos de ser e conviver, opondo-se àqueles que lhe são estranhos. Daí nascem preconceitos e mitos acerca de qualidades próprias e sobre a impropriedade do comportamento de pessoas de outras etnias e culturas.

Atualmente, embora haja um conjunto de legislação que garante a repressão a atitudes discriminatórias, o respeito à diversidade religiosa, étnica, de gênero e de orientação sexual só se efetivará se a própria sociedade avançar em direção da naturalização de atitudes e práticas éticas e de valorização da alteridade que

> [...] deve ir além da ideia de "suportar" o(a) outro(a), tomada apenas como um gesto de "bondade", "paciência", "indulgência", "aceitação" e "tolerância" de uma suposta inferioridade. É de extrema importância que sejam respeitadas questões como a obrigatoriedade de reconhecer a todos e todas o direito à livre escolha de suas convicções, o direito de terem suas diversidades físicas, o direto de comportamento e de valores, sem qualquer ameaça à dignidade humana.
> Daí, podemos concluir que não basta ser tolerante; a meta deve ser a do respeito aos valores culturais e aos indivíduos de diferentes grupos, do reconhecimento desses valores e de uma convivência harmoniosa.
> (Fonte: Gênero e diversidade na escola: formação de professoras/es em Gênero, Sexualidade, Orientação Sexual e Relações Étnico-Raciais, 2009, p. 30.)

No caso da identidade nacional brasileira, esta foi inicial e historicamente construída sob o aspecto cívico-político, estruturada na teoria das "três raças" formadoras, sendo a identidade portuguesa, europeia, privilegiada diante das identidades negra e indígena. Desse modo, os currículos e materiais  didáticos sempre valorizaram a base portuguesa da identidade nacional, mesmo que, posteriormente, tenham também valorizado a presença dos imigrantes (é bem verdade, majoritariamente, europeus).

Recentemente, no período da redemocratização, nos anos 80 do século XX, tal posicionamento começou a ser questionado, como já foi afirmado, sendo disponibilizados novas discussões e materiais em acordo com o novo ordenamento jurídico nacional e com a nova legislação educacional, voltada para a proteção dos direitos humanos e do direito à diferença.[5]

Mas não bastarão leis nem orientações curriculares,

> *[...] se não houver a transformação de mentalidades e práticas, daí o papel estruturante que adquirem as ações que promovam a discussão desses temas, motivem a reflexão individual e*

---

5 - Constituição Federal, Lei Federal n. 9.394/96, de Diretrizes e Bases da Educação Nacional, Leis Federais n. 10.639/2003 e n. 11.465/2008 que, respectivamente, tornaram obrigatório o ensino de História e Cultura Afro--Brasileira e Indígena; Declaração de Salamanca sobre inclusão educativa, 1994; BRASIL, Parâmetros Curriculares Nacionais, Apresentação dos temas transversais e ética, vol. 8; Orientações e Ações para Educação das Relações Étnico-Raciais, MEC, 2006.

coletiva e contribuam para a superação e eliminação de qualquer tratamento preconceituoso [...].
(Fonte: Gênero e diversidade na escola: formação de professoras/es em Gênero, Sexualidade, Orientação Sexual e Relações Étnico-Raciais, 2009, p. 9.)

Este posicionamento vale tanto para identidades étnico-raciais quanto para as de gênero, deficiências e orientação sexual. A presente discussão está centralizada nas questões étnico-raciais, especialmente afrodescendente e indígena, considerando a aplicação das recentes normativas educacionais, anteriormente indicadas.

O africano na História do Brasil

A inserção do africano na História do Brasil ocorre com a implementação da Lei n. 10.639/2003, das Diretrizes Curriculares Nacionais para a Educação das Relações Étnico-Raciais e para o Ensino de História e Cultura Afro-Brasileira e Africana em 2004.

Segundo Fernandes (2005, p. 384),

sem sombras de dúvida, a Lei representa um avanço ao possibilitar a construção de um multiculturalismo crítico na escola brasileira, ao tempo em que reconhece uma luta histórica do movimento negro em nosso país, cuja bandeira de luta consistia em incluir no currículo escolar o estudo da temática "história e cultura afro-brasileira". Por outro lado, não podemos esquecer que muito ainda precisa ser feito para que a Lei não se torne letra-morta e venha contribuir, de fato, para uma educação multicultural.

O trabalho em sala de aula com a história e a cultura afro-brasileira no ensino de História

Como afirma Cavalleiro (2006, p. 13),

Um dos aspectos mais importantes a ser ressaltado quando tratamos da Lei n. 10.639/2003 é que ela não surgiu de uma hora para outra em nossas escolas. Ela é sim, fruto de um conjunto de demandas sociais, apresentadas, sobretudo, pelos movimentos negros existentes no Brasil desde o século XIX. Entre eles, os movimentos abolicionistas, as irmandades religiosas, os terreiros de candomblé e umbanda, as revoltas sociais etc. Todos eles se inscrevem nesse legado e, portanto, na gênese da elaboração histórica das demandas contempladas na lei.
A luta organizada da comunidade negra no Brasil, ao longo de todo o seu percurso, gerou entre outras demandas, o combate ao racismo – que no caso do Brasil se "caracteriza como um processo de produção das desigualdades sociais entre as etnias e não como relação de ódio como em outras partes do

mundo" (Cunha Jr., 2008, p. 49) –, *o reconhecimento da especificidade da cultura de matriz africana e uma ampla crítica à situação social na qual se incluiu a educação.*

O autor examina como as práticas educativas tradicionalmente escamoteiam a questão da diversidade, como se observa a seguir:

> *Fundamentada na ideia dos direitos democráticos e da diversidade cultural, a crítica que o movimento negro fez à educação punha em questão entre outros, a negação de racismos nas práticas educativas do nosso sistema educacional, a própria exclusão processada na educação e em suas políticas curriculares e o discurso do tratamento igualitário e universalista da educação. Amparado no discurso universalista também se construiu na cultura escolar uma enorme dificuldade de compreensão da importância de se valorizar a diversidade. Tornando-se no presente "imperativo o debate da educação a serviço da diversidade, tendo como grande desafio a afirmação e a revitalização da autoimagem do povo negro"* (Cavalleiro, 2006, p. 13).

Conceição (2010, p. 136-137) destaca a necessidade de posicionamentos éticos que respaldem a educação das relações.

> *Outro aspecto importante a ser destacado na Lei n. 10.639/2003 é em relação à formação de atitudes éticas, premissa fundamental para uma educação das relações étnico-raciais. Assim a lei não se resume apenas à exigência da inclusão de conteúdos nos currículos escolares.*

O indígena na História do Brasil

> *Nós não estamos em contato com um povo de cultura primitiva, nem em contato com um povo de cultura paralela. Nós estamos tendo a oportunidade de viver com outra humanidade, com outra ética, outra moral, outra visão de mundo* (Lévi-Strauss, 1976).

Ao longo da história da educação brasileira, o livro didático retratou negros e índios a partir de uma referência eurocêntrica. Isto significa que a cultura portuguesa, seus valores, suas normas e seus costumes foram e são tratados de forma central e hegemônica em comparação com os valores, as normas e os costumes indígenas e africanos, sendo os últimos representados de forma subalterna e periférica.

Rocha (1984) indica que, na História do Brasil, o índio tem sido retratado tradicionalmente de três formas diferentes: como selvagem e primitivo, tomando como referência o europeu colonizador, "civilizado"; como alma pura, inocente que deveria ser conformada pelas práticas evangelizadoras cristãs católicas; como componente da formação identitária brasileira personalizando a coragem e a busca da liberdade.

Como esclarece Abud (1998):

> O índio, objeto dos livros didáticos, era ainda o nativo encontrado pelos portugueses no século XVI, não o índio degradado pela conquista europeia, que persistia em sobreviver, nos séculos posteriores. Esse índio não poderia ser uma das raízes, mas poderia simbolizar as nossas origens do "bom selvagem", mitificado nas páginas de José de Alencar, Gonçalves Dias e de outros escritores indianistas. Esse "selvagem" com código de honra medieval, de físico semelhante ao homem branco, seria o índio de quem os livros didáticos falavam, como se já estivesse completamente desaparecido e sem nenhuma relação com seus vilipendiados descendentes, nossos contemporâneos.

Outro aspecto que merece destaque se articula às reflexões de Fernandez (2009, p. 2), quando indica:

> As imagens estão presentes nos livros escolares no Brasil desde o século XIX, com o propósito de fazer os alunos "verem as cenas históricas", e tais cenas estavam em sintonia com os valores evolucionistas da época. Deste modo, os índios eram normalmente retratados em uma combinação de estereótipos, com saia de penas e cocares, de forma romantizada ou animalizada. Naquela época, as ilustrações eram encaradas exclusivamente como uma confirmação do texto e serviam como estratégia de memorização de conteúdos. Muitas vezes criados com o intuito de reproduzir informações do texto, os desenhos eram tomados como verdade. [...] Desse modo, mesmo que as ilustrações fiquem apenas a serviço do texto, não se pode descartar sua pertinência histórica, identificando quem foi seu autor, a data e o contexto em que foram produzidas.

Como se pode observar, tal percepção está referendada em grande parte dos livros didáticos que apresentam representações dos índios referindo-se apenas ao Período Colonial brasileiro (1500-1822), generalizando, inclusive, seus usos, costumes, crenças e língua, desconsiderando a diversidade de sociedades indígenas existentes no território brasileiro na atualidade.[6]

Nesta perspectiva, não se faz menção ao proposto por Narloch (2009, p. 33):

> [...] a colonização foi marcada também por escolhas e preferências dos índios [...]. Muitos índios foram amigos dos brancos, aliados em guerras, vizinhos que se misturaram até virar a população brasileira de hoje. Os índios transformaram-se mais do que foram transformados.

6 - Segundo os autores Beto Ricardo e Fany Ricardo (2006), todos os grupos indígenas distinguem-se etnicamente. São 225 etnias, classificadas em: Apinajé, em Tocantins; Arapaço, no Amazonas; Aticum, em Pernambuco; Caingangue, no Paraná; Carajá, no Mato Grosso; Catuena, no Pará; Caxarari, em Rondônia; Caxinauá, no Acre; Crenaque, em Minas Gerais; Guajajara, no Maranhão; Guarani-Mbyá, no Rio Grande do Sul, no Rio de Janeiro, em Santa Catarina e em São Paulo; Ianomâmi, em Roraima; Jeripancó, em Alagoas; Pataxó, na Bahia; Potiguara, na Paraíba; Tembé, no Maranhão; Terena, no Mato Grosso do Sul; Tirió, no Amapá; Tremembé, no Ceará; Tupiniquim, no Espírito Santo; Xavante, em Goiás, e Xocó, em Sergipe. Ou seja, só não há comunidades indígenas reconhecidas oficialmente pela Fundação Nacional do Índio (Funai) nos Estados do Rio Grande do Norte e Piauí e no Distrito Federal. Indivíduos e grupos que se identificam como indígenas, entretanto, podem ser encontrados em todos os Estados do Brasil. Indígenas diferenciam-se também pelos modos de falar. São aproximadamente 180 as línguas faladas no País. Esse número é menor que a quantidade de grupos (225), porque alguns povos não conseguiram conservar sua língua original. Mas ele pode ainda aumentar, pois há chance de os quarenta povos "isolados" terem conservado línguas originais, ainda desconhecidas dos pesquisadores (Freitas, 2010, p. 164).

As questões até aqui apontadas explicam como os estereótipos se constituem na raiz da formação de preconceitos e de mitos sobre a cultura indígena assim como sobre a dificuldade em compreender e respeitar as características dessas sociedades[7] como grupamentos humanos, com especificidades próprias e únicas no cenário nacional, ao longo do tempo.

Guerreiros Ianomâmi da aldeia Damini, em Roraima, área próxima à fronteira entre o Brasil e a Venezuela, 1997

Fonte: Estadão Conteúdo. Foto de Wilson Pedroso.

Crianças indígenas da tribo Guarani-Kaiowá brincando no rio Hovy no município de Naviraí, MS, 2012.

Fonte: Estadão Conteúdo. Foto de Wilton Júnior.

7 - Sociedades indígenas são formadas a partir de relações de parentesco ou vizinhança, entre membros que reivindicam laços culturais, sociais e políticos com sociedades pré-colombianas. São assim consideradas, também, porque tomam a decisão de instituírem suas próprias formas de pensar, agir e sentir, diante das formas dominantes da comunidade nacional (Castro, 2006, p. 41).

Direitos Humanos e diversidade étnico-cultural | **111**

Por uma ação reflexiva

Há certas coisas que um ser humano não pode ficar sem. Liberdade, respeito, educação e segurança, por exemplo, são tão importantes quanto comida e abrigo. Essas coisas fazem um ser humano ter uma vida que vale a pena ser vivida (Ziraldo, 2008, p. 8).

A partir da citação anterior e das reflexões propostas, é possível pensar em aspectos que estejam presentes no ensino de História.

a) Sobre os alunos:
- De que maneira eles se relacionam com diferentes identidades étnicas e sociais, com preconceitos e estereótipos?

b) Sobre o ensino de História:
- Qual é o significado do trabalho com a diversidade para o ensino da disciplina?
- Em que medida o trabalho com a diversidade cultural e a alteridade contribuem com a aprendizagem em História?
- Nas fontes presentes em livros didáticos, foi identificado algum tipo de interpretação estereotipada?

Proposta prática:
conversando sobre a diversidade étnico-cultural

Conversando sobre os africanos

Declaração dos Direitos Essenciais da Criança Negra na Escola

Direito 1
Toda criança negra tem o direito de encontrar na escola um espaço prazeroso de informação, formação e socialização, onde ela possa construir positivamente sua identidade e orgulhar-se dela.

Direito 2
Fica garantido à criança negra o direito de viver e conviver em igualdade de condições com todas as etnias, vendo a história de seu povo também contada, sua cultura valorizada e reconhecidos os reais legados de seus ancestrais africanos para todo o povo brasileiro.

Direitos Humanos e diversidade étnico-cultural | **113**

Direito 3

Fica decretado que toda criança negra terá garantido o seu sucesso escolar porque todo educador deverá, em sua formação profissional, ser preparado para lidar com os conteúdos necessários ao conhe-  *cimento histórico e cultural do povo negro, fazendo também uma autoanálise e autocrítica sobre os valores e conceitos que ele próprio traz introjetados sobre esta cultura e seu povo.*

Direito 4

Fica garantida a todas as crianças negras a alegria de ver sua imagem representada nos livros e textos didáticos, nos cartazes e murais da escola. Fica decretada a visibilidade de negros e negras nas festas e cerimônias cívicas dentro do ambiente escolar.

Direito 5

A criança negra tem direito a ser respeitada em sua dignidade humana. Fica proibida a veiculação, na escola, de textos contendo preconceitos e estereótipos que possam inferiorizar o povo negro. Ficam valendo apenas aqueles que levem todos os alunos a desenvolver atitudes democráticas e de respeito às diferenças, reconhecendo e valorizando a diversidade étnico-cultural brasileira.

Direito 6

Ficam estabelecidos o fim do silêncio que tem envolvido a questão racial na escola; do etnocentrismo tendo como base as culturas europeias; o fazer pedagógico desvinculado da realidade do aluno sem levar em conta os documentos pedagógicos e as políticas voltadas para as classes populares.

Direito 7
Portanto, fica decretado que se criem possibilidades a todas as crianças negras de se construírem cidadãs plenas, interagindo em sua realidade, sendo capazes de transformá-la, revertendo sua situação de exclusão, modificando significativamente as estatísticas negativas quanto a seu sucesso escolar (Rocha, 2007, p. 88).

Sugestão de atividade

- Ler e refletir com as crianças o significado deste documento.
- Organizar, em equipe, uma ilustração sobre o significado de cada texto.
- Apresentar de forma oral as ilustrações realizadas pelas equipes.

Sugestões de palavras ligadas à cultura afrodescendente

Axé	Zumbi
Negritude	Candomblé
Nagô	Banto
Quilombo	Escravo
África	Resistência

- Apresentar essas palavras aos alunos.
- Auxiliá-los na busca do significado desses vocábulos em dicionários ou em outras fontes de pesquisa.
- Propor a produção de uma narrativa.

Conversando sobre os indígenas

Neste texto, o escritor indígena Daniel Munduruku (1996, p. 51) conta sobre os mitos indígenas:

> *O caso dos mitos indígenas, na maioria das vezes, usa a figura de animais que existiam antes dos homens e que foram os responsáveis*

por várias transformações na história da humanidade. É comum, portanto, lermos mitos de povos contando do tempo em que a onça era dona de fogo, e os homens só comiam coisas cruas, e que foi preciso um passarinho roubar o fogo da onça para dá-lo aos homens, os quais aprenderam a manipular o fogo para seu próprio uso.

O gavião ou o menino desprezado

Mito Tupari

Havia um menino que começava a engatinhar. A mãe, um dia, ficou fazendo cicha *(bebida fermentada). O menino chorava, chorava o tempo todo. Queria mamar, queria mamar, e a mãe não dava o peito para ele. O menino queria mamar o dia todo, e a mãe nem lembrava direito se tinha um filho ou filha, acho. Até que o menino parou de chorar e foi perto do fogo brincar com a cinza, e passava no corpo, para segurar penas, para colarem. Quando engrossou o corpo com a cinza, o menino levantou, virou gavião. Criou bico, asa, pena.*
Quando o menino levantou, a mãe se lembrou dele. Queria dar o peito, mas não adiantava mais. O menino voou. Sentou na trave da casa. A mãe saiu doida:
– Por que você faz isso? Olha o meu peito!
– Ah, quando eu chorava, você se esquecia de mim – ele respondeu, e saiu voando, voando, ficou rodando, subindo, subindo, até que sumiu. Foi embora.
O pai e a mãe ficaram chorando. Não tinha mais jeito.

Esse é o gavião que está no céu. O pajé conta que, quando um pajé toma rapé, ajeita ele lá em cima.
O gavião tem de ficar com a cara para cima. Se abaixar a cabeça, todo mundo adoece, porque ele voou com raiva.
O gavião, o menino desprezado, foi morar com Untaibid, com o arco-íris, no céu. (Mindlin, 2006, p. 61)

- Planejar com os alunos uma pesquisa sobre os mitos indígenas, após organizar uma "roda de conversa" sobre os mitos encontrados e o significado deles.

Livros sugeridos para ações literárias

ABC dos Direitos Humanos
• Dulce Seabra e Sérgio Maciel
• Ilustrações: Albert Llinares.
• Cortez Editora

Com uma linguagem simples, este livro apresenta aos jovens leitores a Declaração Universal dos Direitos Humanos, adotada e proclamada pela Organização das Nações Unidas (ONU) em 1948. Conhecer estas regras desde a mais tenra idade é fundamental para a construção de um mundo cada vez mais justo e igualitário.

A África, meu pequeno Chaka...
• Marie Sellier
• Ilustrações: Marion Lesage
• Editora Companhia das Letrinhas

Esta obra apresenta os costumes e as histórias de uma aldeia africana a partir de uma conversa entre um avô e seu neto. Valorizando a linguagem narrativa, remetendo às tradições dos contos orais (em que uma história "puxa" a outra), o diálogo entre os dois personagens é sensível e de grande beleza literária.

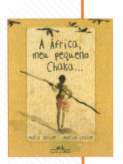

Na minha escola todo mundo é igual
• Rossana Ramos
• Ilustrações: Priscila Sanson
• Cortez Editora

De forma poética e envolvente, a autora traz aos jovens leitores alguns temas polêmicos, porém necessários, para que as crianças aprendam, desde cedo, que na escola todos possuem direitos iguais, respeitando as diferenças.

Os Direitos Humanos
• Ziraldo
• Ilustrações: do autor
• Editora Secretaria Especial dos Direitos Humanos (SEDH)
Elaborada por Ziraldo, esta cartilha (dedicada aos alunos dos anos iniciais do ensino), aborda questões relacionadas aos Direitos Humanos.

Trabalho de criança não é brincadeira, não!
• Rossana Ramos
• Ilustrações: Priscila Sanson
• Cortez Editora
Abordando o tema da exploração infantil no País, este livro abrange diversas situações em que se verifica essa violência contra as crianças. Ao diferenciar o trabalho infantil das pequenas tarefas em que os pequenos podem colaborar no dia a dia, o conteúdo provoca a reflexão dos leitores para um exercício de cidadania e justiça.

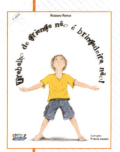

Vozes da floresta: lendas indígenas
• Celso Sisto
• Ilustrações: Mateus Rios
• Cortez Editora
Esta obra reúne quatro contos inspirados em lendas indígenas: "O corpo de Mani" (sobre a lenda da mandioca); "O nascimento da noite" (sobre o surgimento da noite); "Lua branca em céu de prata" (que aborda o surgimento da Lua) e "Alagadiélali" (que explica o motivo de alguns animais terem pouca ou muita carne).

Para além da sala de aula

1. Conversando sobre os africanos...

Nwaugo, a beleza perdida

Em uma terra longínqua, morava um homem bonito, forte e alto. Seu nome era Dinta, um caçador destemido, conhecido em toda a África. Ele tinha três cachorros, que se chamavam Nwaugo, Okenkita e Otaka Ekpeli. [...] Os três cachorros foram treinados para ajudar Dinta nas tarefas domésticas e nas caçadas – e não havia um dia em que não conseguissem muitas presas. [...]

Por causa da sua agilidade, a fama do destemido caçador espalhou-se pela África e todas as mulheres da região o cobiçavam por causa de sua beleza (Sunny, 2008. p. 7).

Fotógrafo: Jaime Acioli

ISIDORE LAURENT DEROY, seg. J.M. RUGENDAS
Châtimens (sic) Domestiques (Castigos domésticos) 1827-1835 C.
Lito, 37 x 55 cm, MEA 3543

Fotógrafo: Jaime Acioli

JOHN CLARK, seg. HENRY CHAMBERLAIN
A Markett Stall (Barraca de Mercado)
1822 C. A-Tinta cor, 22 x 28,7 cm, MEA 3380

Crédito fotográfico: Isabella Matheus

Jean-Baptiste Debret. Paris, França, 1768 - Paris, França, 1848. Liteira para viajar no interior, 1835. Litografia sobre papel, 32 x 23 cm (suporte). Acervo da Pinacoteca do Estado de São Paulo, Brasil. Coleção Brasiliana/Fundação Estudar. Doação da Fundação Estudar, 2007.

▶ Que relação é possível estabelecer entre as fontes anteriores e o que se sabe sobre os africanos no Brasil?
▶ Qual fonte se aproxima de seus conhecimentos sobre a presença do africano no Brasil?

A reflexão a partir da relação "fonte e o conhecimento sobre o povo africano" reflete a forma pela qual construímos a ideia sobre "povo africano", que, muitas vezes, é assentada unicamente no conceito de escravidão.

2. Conversando sobre os indígenas

Utilizando o roteiro de leitura de imagens ("O trabalho com fontes históricas", no Capítulo 1), analisa como a presença indígena é tratada na tela de Victor Meirelles.

Direitos Humanos e diversidade étnico-cultural | **123**

Fotografia: Jaime Acioli

VICTOR MEIRELLES (Florianópolis, SC 1832 - Rio de Janeiro, RJ 1903). *Primeira Missa no Brasil*, 1860. Óleo sobre tela, 270 x 357 cm. Coleção Museu Nacional de Belas Artes/IBRAM/MinC –autorização n° 28/2014.

É importante destacar que o artista retrata, em 1860, um fato ocorrido três séculos antes (em 1500); portanto, distanciado do contexto temporal de sua origem; o quadro representa o que o imaginário da época, nos meados do século XIX, acreditava ter ocorrido pelos relatos registrados sobre o contato dos portugueses com os índios da nação Tupiniquim.

Revela a atitude de submissão cultural dos indígenas diante da crença religiosa dos portugueses, conquistadores do território brasileiro e produtores do que se poderia denominar de invasão cultural, retratada nos símbolos religiosos presentes: a liturgia católica, atos e objetos que a representam.

Os índios estão retratados em atitude de convivência pacífica e de curiosidade diante da realidade estranha aos seus costumes e práticas culturais. Além disto, os nativos e sua atitude no contato com o colonizador passam a representar todas as nações indígenas presentes no território nacional, criando uma visão única no imaginário brasileiro sobre o contexto retratado na obra.

- Que relação é possível estabelecer entre as fontes anteriores e o que se sabe sobre os povos indígenas?
- Qual fonte se aproxima de seus conhecimentos sobre os indígenas brasileiros?

A reflexão a partir da relação "fonte e o conhecimento sobre os povos indígenas" reflete a forma pela qual construímos a ideia sobre as peculiaridades indígenas, tendo em vista que ela foi construída, majoritariamente, pela percepção do colonizador europeu sobre essa população autóctone.

Direitos das crianças indígenas debatido no colóquio sobre segurança pública e direitos humanos

Ynauyry pede mais educação para as crianças indígenas

Ynauyry Gomes dos Anjos, de dez anos, integrante da aldeia indígena Pataxó-Xandó, esteve na PUC, no Rio de Janeiro nos dias 21 e 22 de março de 2013, para participar do

"*II Colóquio Latino-Americano sobre Políticas de Segurança e Direitos Humanos: Enfocando a Primeira Infância, Infância e Adolescência*". *O menino chamou a atenção dos participantes do evento ao falar sobre as necessidades do seu povo, entre elas destacou os problemas relacionados à educação. Ele nos contou que, em sua aldeia, há apenas uma sala de aula multisseriada, funcionando em condições muito precárias com uma única professora.*

Ao ser inserido na escola regular fora de sua aldeia, o estudante do 5º ano do ensino fundamental da Escola Municipal de Caraíva (BA), passou a enfrentar outro tipo de desafio ao se deparar com críticas cotidianas feitas por seus colegas não índios. Essas críticas ou "criticações", como ele chamou, é aquilo que especialistas chamam de bullying, *que ora se apresenta refletindo o racismo, já marca constante de nossa sociedade.*

Ynauyry emocionou todos os participantes ao pedir para o governo melhorias para a escola de sua aldeia e uma educação decente para o seu povo. A aldeia Pataxó-Xandó fica localizada no Parque Nacional de Monte Pascoal, no estado da Bahia, cidade de Porto Seguro, distrito de Caraíva. A luta dele não difere da luta de milhões de brasileiros, luta necessária de ser vencida se queremos a tal garantia dos direitos humanos!
(Fonte: http://ciespi.org.br/.../560-direitos-das-criancas-indigenas)

- Ler e refletir com os alunos sobre o significado desse documento.
- Organizar, em equipes, uma ilustração sobre o texto.
- Apresentar as ilustrações elaboradas pelos grupos.

Somente após a última árvore ser cortada.
Somente após o último rio ser envenenado.
Somente após o último peixe ser pescado.
Somente então o homem descobrirá que dinheiro
não pode ser comido!!!

Provérbio indígena

- Ler e refletir com os alunos sobre o significado desse provérbio.
- Organizar, em equipes, uma lista de atitudes que seriam recomendáveis para evitar a destruição da natureza.
- Apresentar os resultados da produção das equipes, elaborando um texto coletivo.

Sugestões de palavras ligadas à cultura dos Tupi-Guarani:

Beiju	Jambu
Jerimum	Abati
Tucupi	Mandioca
Maniçoba	Andirá
Pirá	Poti

- Apresentar as palavras aos alunos e, juntos, buscar o significado delas.
- Em seguida, propor-lhes a produção de uma narrativa.

Construindo um calendário da diversidade étnico-racial

O planejamento de atividades [...] tendo como referência datas comemorativas que são reproduzidas ano a ano [...].

A maioria das instituições educacionais já incorporou em suas práticas a comemoração de datas significativas para o Brasil. São datas específicas que rememoram momentos da nossa história (Dia da Independência), símbolos (como o Dia da Bandeira) ou heróis (como Tiradentes). Na maioria das vezes essas datas são lembradas nas escolas sem grandes inovações, tanto nas atividades propostas, quanto na escolha das mesmas e/ou das personalidades a serem homenageadas.

Os(as) profissionais da educação mantêm a tradição de destacar algumas datas, como o Dia do Índio, por exemplo.

No dia 19 de abril vestem/fantasiam as crianças com ornamentos e pintam os seus rostos, desenvolvendo uma série de estereótipos sobre os indígenas, que são diversos, pois são muitas as etnias que compõem a população indígena no Brasil. Cada grupo tem uma língua diferente, e alguns já perderam sua língua original; usam vários tipos de vestimentas, inclusive as que os não índios utilizam; vivem em moradias também diversas. As pinturas corporais são caracterizadas de formas diferentes em cada grupo. As marcas ou desenhos estão carregados de significados; os indígenas se pintam por motivos variados: festas, guerras, comemorações, casamentos.

O exemplo do Dia do Índio nos ajuda a refletir sobre outras datas:

Por que destacamos a figura de Tiradentes e esquecemos de outros(as) personagens importantes para a nossa história de resistência à colonização, escravidão, a exploração do trabalho etc.?

Por que nos esquecemos de figuras históricas de nossas cidades, bairros e vilas, muitas delas negras, mulheres, trabalhadores(as)?

Como estamos trabalhando o dia da Abolição? Damos destaque apenas à princesa Isabel e alguns abolicionistas mais conhecidos ou falamos das lutas de muitos homens e mulheres escravizados que lutaram contra a escravidão, mas que se tornaram anônimos na História?

Vale a pena realizar uma pesquisa para descobrir outros(as) personagens que não os costumeiramente lembrados(das) no calendário escolar.

Construir/reconstruir a história da cidade ou do bairro, a partir de depoimentos de pessoas mais velhas, dando destaques para homens e mulheres comuns que construíram ou constroem a história de uma comunidade ou país.

(Fonte: Brasil, 2006. p. 169-170.)

Tupari

A população Tupari era de 329 pessoas na Terra Indígena Rio Branco e de 49 na Terra Indígena Rio Guaporé, em 2005. Sua língua é da família Tupari, do tronco Tupi. Como os outros povos do Rio Branco e do Rio Guaporé, conheceram os não índios desde os anos de 1920, mas o contato regular com os seringais, como trabalhadores, deu-se nos anos 1940 (Mindlin, 2006, p. 132).

Para conhecer mais

CIESPI/PUC-Rio, Equidade para a Infância e a Rede Nacional da Primeira Infância. Colóquio Latino-Americano sobre Políticas de Segurança e Direitos Humanos, 2., 2013. *Enfocando a Primeira Infância, Infância e Adolescência*. Rio de Janeiro: Pontifícia Universidade Católica do Rio de Janeiro, 2013. Disponível em: <http://ciespi.org.br/.../560-direitos-das-criancas-indigenas>. Acesso em: 26 maio 2012.

MINDLIN, Betty e narradores indígenas. *Mitos indígenas*. Ilustrações: Adriana Florence. São Paulo: Ática, 2006. (Para Gostar de Ler).

POVOS indígenas no Brasil Mirim. *Como vivem*. Disponível em: <http://pibmirim.socioambiental.org/como-vivem/aprender%E2%80%8E>. Acesso em: fev. 2014.

SUNNY. *Contos da lua e da beleza perdida*. Ilustrações: Denise Nascimento. São Paulo: Paulinas Editorial, 2008. (Árvore falante).

↘ CAPÍTULO 4

A história da infância no Brasil

Uma criança é uma pessoa pequena. Ela só é pequena por pouco tempo, depois se torna grande. Cresce sem perceber. Devagarinho e em silêncio, seu corpo encomprida. Uma criança não é criança para sempre. Ela se transforma (Alemagna, 2010).

Desenvolvimento da teoria e metodologia

Um dos temas recorrentes nos anos iniciais do Ensino Fundamental é a história da criança. Para tanto, são mobilizadas atividades que buscam tratar a forma como ela vive, seu nome, seu grupo familiar, entre outras possibilidades. Com o objetivo de reconhecer o significado dessa abordagem, é que o presente capítulo foi pensado; ou seja, o conteúdo objetiva contribuir no sentido de ampliar as reflexões sobre a história da criança, especialmente a história da infância no Brasil.

A abordagem foi pensada a partir da periodização tradicional da História do Brasil, a saber: Colônia, Império e República. Entretanto, a intenção não foi valorizar uma perspectiva de linearidade, mas localizar, em um determinado passado, a forma de viver a fase etária da infância. Dessa maneira, a história da criança no País pode contribuir por meio das fontes escolhidas, para que os alunos articulem uma relação com outras crianças que viveram no passado.

Para refletir sobre a história da infância em cada período, foram utilizadas fontes, para que seja possível extrair delas as respostas que contemplem uma determinada compreensão sobre o passado na perspectiva infantil: sua visão de mundo, seu lugar na família e na sociedade.

Desta forma, segundo Barca (2013), as fontes são assim compreendidas:

> Esses traços do passado não são só os deixados pelos agentes do período estudado. Outras fontes, construídas posteriormente, também são interessantes, incluindo o trabalho de estudiosos que já exploraram o mesmo tema.

Meninos jornaleiros, Rio de Janeiro, início do século XX.

Criança operária em marcenaria. Petrópolis, RJ, início do século XX.

A reflexão proposta no decorrer do capítulo busca a construção de argumentação, com a utilização de fontes primárias e secundárias.

Acompanhadas das fontes, estão questões interrogativas e sugestões que pretendem mobilizar a compreensão sobre a história da criança no Brasil. Desta maneira, ao assumir a perspectiva interrogativa e problematizadora, evidencia-se a ideia de que a História é sempre uma ciência de natureza *narrativística* e em construção.

A narrativa é fundamental para a compreensão das relações entre o ensinar e aprender História. Segundo Jörn Rüsen (2001, p. 155), a narrativa histórica é um

> *[...] modo específico de sentido sobre a experiência do tempo. [...] a especificidade da narrativa histórica está em que os acontecimentos articulados narrativamente são considerados como tendo ocorrido realmente no passado. [...] Para a narrativa histórica é decisivo que sua constituição de sentido se vincule à experiência do tempo de maneira que o passado possa tornar-se presente no quadro cultural de orientação da vida prática contemporânea.*

A narrativa é uma das formas pelas quais alunos e professores expressam o que pensam sobre as diferentes formas de explicação sobre o passado.

Conhecer a história da infância no Brasil, por meio das fontes, pode ampliar as discussões em torno da história da criança (conteúdo trabalhado na Educação Infantil e nos Anos Iniciais), bem como no "diálogo" com as fontes é possível construir uma explicação sobre a forma como viveram as crianças do passado e do presente.

A infância no Brasil

A infância no Brasil Colonial

Crianças que viviam no Brasil, antes da chegada dos portugueses

O contexto da chegada dos portugueses no Brasil envolve a presença de crianças de diferentes etnias: as indígenas, as afrodescendentes e as portuguesas.

Quando chegaram ao Brasil, os portugueses encontraram povos que viviam de forma bem diferente do modo de vida europeu. É certo que, mesmo os portugueses chamando todos esses povos de "índios", eles eram diferentes entre si.

Sabemos da existência desses grupos por meio do trabalho dos arqueólogos, que estudam a existência das sociedades que viveram no passado.

No Brasil existem diversos vestígios que são pesquisados pelos arqueólogos, entre os quais as pinturas rupestres e os sítios arqueológicos.

O que é um sítio arqueológico?

Os povos que não utilizavam a escrita só podem ser conhecidos hoje por meio dos vestígios materiais que deixaram nos locais em que viviam. O sítio arqueológico é o que restou das coisas que as pessoas fabricaram e usaram ao longo de sua vida em um determinado lugar (panelas de cerâmica, restos de machado e outras ferramentas feitas de pedra, sinais de que fizeram roças e plantaram alimentos etc.).

(Fonte: http://pibmirim.socioambiental.org/antes-de-cabral/ocupacao-brasil)

Fonte: Estadão Conteúdo. Armando Fávaro

A arqueóloga brasileira e Diretora Presidente da Fundação Museu do Homem Americano (FUMDHAM), Niède Guidon, no Sítio Arqueológico do Veado, que pertence ao Parque Nacional da Serra da Capivara, Coronel José Dias, PI.

Os povos indígenas que habitavam o Brasil possuíam uma organização, hábitos próprios. Nesse contexto, é possível indagar:

Como viviam as crianças no Brasil,
antes da chegada dos portugueses?

Alguns viajantes estrangeiros como Jean de Léry (1534-1611) e o alemão Hans Staden (1525-1579) estiveram no Brasil em contato com diversos grupos de indígenas. Sobre isso, escreveu a professora Antonietta d'Aguiar Nunes:

> *[...] é possível saber que o aprendizado das crianças se dava por meio dos cuidados dos mais velhos e de brincadeiras com companheiros, normalmente do mesmo sexo. Nesses grupos, era normal a imitação do que faziam os adultos e os mais idosos. Os curumins eram separados de acordo com a idade: recém-nascidos até começarem a andar; crianças pequenas, até 7 ou 8 anos; desse período até os 15 anos; jovens entre 15 e 25 anos; adultos dos 25 aos 40, e idosos, de 40 anos ou mais.*
> *Por causa da grande dependência materna, os recém-nascidos tinham a mãe como mentora dos primeiros comportamentos, além de principal fonte de conforto, alimento e segurança. [...] Um pouco mais crescida, a criança ria e brincava no colo da mãe, que lhe dava comida na mão para ser levada à boca. [...] Em algumas tribos, nessa fase havia a cerimônia de perfuração dos lábios, uma espécie de rito de passagem, quando os meninos tinham entre quatro e seis anos. Após festas que duravam*

três dias, diziam à criança que ela seria perfurada para que se tornasse um guerreiro valente e prestigiado. [...]
Na pré-adolescência (dos 7 aos 15 anos), os rapazes e as moças acompanhavam os pais no trabalho, aprendendo com eles o necessário para a vida na comunidade [...]
Na adolescência propriamente dita (dos 15 aos 25 anos), os rapazes já se integravam na realização do trabalho, conduziam canoas para a guerra, prestavam serviços variados e ouviam histórias dos mais velhos sobre os feitos dos heróis ancestrais, conhecendo os mitos do grupo. Enquanto isso, as moças ajudavam as mães nos serviços domésticos, auxiliando também no trato com os mais idosos, com quem aprendiam muito. [...]
Em nenhum momento de todo o processo havia punição: o resultado de um erro cometido por si só era considerado suficiente para indicar que aquilo não deveria ser feito novamente.

(Fonte: NUNES, Antonietta d'Aguiar. Nada de castigo. *Revista de História.com.br*, Rio de Janeiro, 2010. Disponível em: <http://www.revistadehistoria.com.br/secao/educacao/nada-de-castigo>. Acesso em: 26 out. 2013.)

Como era a vida das crianças no Período Colonial?

Crianças que vieram nas embarcações portuguesas

De alguma forma, desde o Ensino Fundamental, os professores de História trabalham com os alunos sobre a chegada dos portugueses ao Brasil. As grandes viagens marítimas da época eram marcadas por grandes desafios, entre os quais a qualidade das embarcações, a orientação durante a navegação e as doenças.

Porém cabe lembrar que, entre os viajantes das embarcações, estavam crianças. Isso mesmo! Algumas crianças se aventuravam nas longas viagens, normalmente viajavam na condição de grumetes ou pajens.

Sobre os grumetes, escreveu o historiador Fábio Pestana Ramos (2002, p. 21-23):

> *[...] a falta de mão de obra de adultos, ocupados em servir nos navios e nas possessões ultramarinas, fazia com que os recrutados se achassem entre órfãos desabrigados e famílias de pedintes.*
> *Nesse meio, selecionavam-se meninos entre nove e 16 anos, e não raras vezes, com menor idade, para servir como grumetes nas embarcações lusitanas.*
> *Para os pais destas crianças [...] alistar seus filhos entre a tripulação dos navios parecia sempre um bom negócio. Eles, assim, tanto podiam receber os soldos de seus miúdos, mesmo que estes viessem a perecer no além-mar, quanto se livravam de uma boca para alimentar.*
> *Entre os séculos XVI e XVII, apesar de os grumetes não passarem, quando muito, de adolescentes, realizavam a bordo todas as tarefas que normalmente seriam desempenhadas por um homem.*

Quanto aos pajens, continua o historiador (2002, p. 30-31):

> [...] as crianças embarcadas como pajens da nobreza tinham um cotidiano um pouco menos árduo, e muito mais chances de alcançar os melhores cargos na Marinha, sobretudo servindo a algum oficial da embarcação.
> Aos pajens eram confiadas tarefas bem mais leves e menos arriscadas do que as impostas aos grumetes, tais como servir à mesa dos oficiais, arrumar-lhes as câmaras (camarotes) e catres (camas) e providenciar tudo que estivesse relacionado ao conforto dos oficiais da nau.

Crianças que vieram da África

No Brasil, a escravidão africana durou aproximadamente trezentos anos. Nesse período, muitos africanos foram trazidos ao Brasil na condição de escravos.

Os negros que vieram para o Brasil pertenciam geralmente a dois grupos culturais: os bantos (originários de Angola, Moçambique e Congo) e os sudaneses (originários de Guiné, Daomé e Costa do Ouro).

Após a captura, os africanos eram trazidos ao Brasil em embarcações chamadas de navios negreiros.

Navio negreiro

No início do tráfico escravo, os portugueses transportavam os cativos nas cobertas ou no convés das embarcações; porém, com o passar do tempo, foram fabricadas outras embarcações maiores destinadas ao transporte dos africanos. Esses navios possuíam três compartimentos: no porão inferior, viajavam os homens; no intermediário, estavam as mulheres, e na parte superior, vinham as crianças e as gestantes. Nos navios menores, os homens eram transportados no porão, as mulheres viajavam nas cabines e as crianças nos conveses, apenas protegidas por um toldo.

Em relação à viagem, escreveu o historiador Mario Maestri (1994, p. 47-46):

> A travessia entre a costa ocidental africana e o Brasil levava de quarenta a sessenta dias. Quanto mais demorada a viagem, maior a mortalidade a bordo.
> Durante a viagem, os cativos permaneciam boa parte do dia em fila, amarrados, dois a dois, pelos tornozelos, nos porões. As mulheres e as crianças viajavam nos conveses ou nas coberturas

RUGENDAS, Jonhann Moritz. *Três homens retiram um escravo do porão do navio negreiro.* c. 1830. Óleo sobre tela. Prancha 1. National Maritime Museum, London.

superiores. A alimentação distribuída era em geral sob a forma de sopa, em vasilhames individuais ou coletivos, era pouca, mal preparada e sem tempero. Os prisioneiros comiam duas vezes ao dia, às 10 e às 16 horas. Os navios tinham instrumentos para alimentar, à força, os cativos que se negavam a comer. Para prevenir escorbuto, diversas vezes por semana a boca dos cativos era enxaguada com vinagre e eles recebiam, geralmente pela manhã, uma pequena ração de álcool.

É fácil imaginar as consequências da viagem para a saúde física e psicológica dos africanos. Quando o navio estava se aproximando das costas americanas, era distribuída aos cativos uma maior quantidade de água e as rações que sobravam, também permitiam que permanecessem mais tempo nos conveses.

Ao desembarcarem os africanos eram preparados: rapavam suas cabeleiras e barbas crescidas, tomavam banho, alimentavam-se abundantemente, cuidavam de suas doenças. Os fazendeiros compravam chapéus de palha, roupas rústicas, uma resistente manta *para os escravos que adquiria. Os escravos eram vigiados e partiam para enfrentar os sofrimentos da escravidão.* (Texto adaptado)

A historiadora Katia Mattoso (1988, p. 81-91) escreveu sobre os filhos de escravos:

[...] o escravo permanece criança até a idade de sete para oito anos. Nas grandes propriedades de engenho de açúcar, as crianças escravas passeiam com toda liberdade, participando das brincadeiras das crianças brancas [...]
Na cidade, a exiguidade do espaço ocupado pela família do senhor com frequência relega os filhos da escrava aos alojamentos reservados aos escravos ou outras áreas como, por exemplo, pontos de mercado e lagoas onde se lavava a roupa. [...] É nos seus sete para oito anos que a criança se dá conta de sua condição inferior em relação principalmente às crianças livres brancas. [...] A passagem da vida de criança para a vida de adolescente era o primeiro choque importante que recebia a criança escrava. [...]
Ainda novo, o filho da escrava é olhado como escravo em redução, somente diferente do escravo adulto que mais tarde será, pelo tamanho e pela força. [...] assim, o curto período na vida da criança que vai dos três aos sete anos para oito anos é um período de iniciação aos comportamentos sociais no seu relacionamento com a sociedade dos senhores, mas também no seu relacionamento com a comunidade escrava [...] É nessa idade também, que a criança começará a perceber o que são castigos corporais, que adentram pela idade adulta, porque indispensáveis à manutenção do sistema escravista.
Depois, por volta de seus sete para oito anos, a criança não terá

mais o direito de acompanhar sua mãe brincando; ela deverá prestar serviços regulares para fazer jus às despesas que ocasionava a seu senhor, ou até mesmo à própria mãe, se esta trabalha de ganho e reside fora da casa do seu dono. Assim, a lavadeira será ajudada a transportar sua trouxa de roupa; a ganhadeira, o tripé em que repousa seu tabuleiro, ou utensílios que usa para a sua cozinha. O senhor utiliza o pequeno escravo como mensageiro, como carregador de encomendas, como pajem etc. [...] Essa idade de sua vida, que vai dos sete aos doze anos, não é mais uma idade de infância, porque já sua força de trabalho é explorada ao máximo, exatamente como o será mais tarde também.

A educação das crianças que viviam na Colônia

Sobre a educação das crianças indígenas

Em 1549, chegaram ao Brasil os padres da Companhia de Jesus: os jesuítas. Eles vieram com a missão de difundir a religião católica no Brasil.

Os religiosos fundaram diversos colégios e também se dedicaram à catequese dos indígenas, de forma especial à educação das crianças indígenas, pois acreditavam que, por meio dos "novos ensinamentos", poderiam substituir os costumes e as tradições dos indígenas pela educação à moda europeia. Eles reuniram as crianças indígenas em colégios e também nas aldeias que fundaram: as missões jesuíticas. Quanto à educação nas aldeias, escreveu o historiador Rafael Chambouleyron (2002, p. 62):

> *Pelas manhãs, os meninos iam pescar "para si e para os seus pais, que não se mantêm de outra coisa", relata o padre Nóbrega, em julho de 1559. À tarde, voltavam os meninos à escola, que durava de três a quatro horas. Depois da escola, havia a doutrina para todos na aldeia [...]*
>
> *No caso das aldeias, os meninos não habitavam em casas especiais, com os padres, havia apenas as escolas, nas quais os padres somavam o ensino da doutrina ao aprendizado dos "elementos": ler, escrever e contar.*

Sobre crianças filhas de escravos

Havia a educação religiosa da Igreja Católica, que ensinava alguns ritos aos escravos, especialmente o batismo, feito quando as crianças nasciam. Esses ritos aconteciam nos engenhos, a mando do dono dos escravos.

Sobre essas cerimônias, escreveram os autores José Roberto Góes e Manolo Florentino (2002, p. 184):

> *Por volta dos doze anos, o adestramento que as tornava adultos estava se concluindo. Nesta idade, os meninos e as meninas começavam a trazer a profissão para o sobrenome: Chico Roça, João Pastor, Ana Mucama. Alguns haviam começado muito cedo.*

A socióloga Maria Cristina Luz Pinheiro (2005, p. 182) escreveu:

> *O número das crianças escravas exercendo atividades mais qualificadas foi pouco representativo. É sob a denominação de*

serviço doméstico, com toda a sua abrangência, e em segundo lugar a lavoura, que encontramos a imensa maioria das crianças escravas trabalhando. Podemos dizer que o processo de iniciação delas na escravidão, ou seja, o aprendizado para ser escravo, se dava principalmente através desses dois ramos de atividade. Uma vez crescidos, podiam continuar aí, mas uma boa parte – sobretudo os homens –, se permaneciam na cidade, eram deslocados para outras atividades, ou então acumulavam estas com outras ocupações (2005, p. 182).

No Período Colonial, havia uma forma de "esconder" os filhos indesejados. Sobre a situação dessas crianças, escreveu a historiadora Sheila de Castro Faria em seu livro *Viver e morrer no Brasil Colônia* (1999, p. 21):

Havia uma forma de esconder os filhos indesejados. Era a exposição de crianças. Chamavam-se crianças expostas ou crianças enjeitadas as que eram abandonadas pelos pais. Quase sempre eram deixadas na casa de outros, com a intenção de que fossem pelos donos criados. [...]
O problema das crianças expostas ou enjeitadas sempre provocou muita discussão, pela forma como elas eram abandonadas: nas portas das residências, na rua, ou, ainda, nas igrejas, esperando que alguém as visse, o que às vezes poderia demorar muito tempo. Os que as deixavam normalmente não queriam ser identificados, por isso faziam o "serviço" quase sempre à noite. Não foram poucos os casos de bebês atacados por animais, como cães e porcos, que viviam soltos.

A roda dos expostos foi uma das soluções encontradas, na época, para o problema. No Brasil, as Santas Casas de Misericórdia foram as primeiras a adotá-la. A roda era uma caixa giratória, com somente uma abertura, instalada no muro da Santa Casa. Depois de colocar a criança na caixa, a pessoa tocava um sino, disposto ao lado, girava a roda, e alguém de dentro recolhia a criança. Ocultava-se, dessa forma, a identidade e, ao mesmo tempo, impedia-se que a criança corresse risco imediato de vida.

EWBAMK, Thomas. *A roda na Rua de Santa Teresa*. 1845. Desenho. Fonte: http://diretorio-monarquicodobrasil.blogspot.com.br/2009_08_09_archive.html. Acesso em: 21 abr. 2014.

A infância no Brasil Império

Como era a vida das crianças no Período Imperial?

As crianças imigrantes

Quem eram os imigrantes que se estabeleceram no Brasil?

A imigração estrangeira para o Brasil iniciou-se no século

XIX. A grande maioria dos imigrantes que chegaram ao País vinha do campo, em seus países de origem. Eram famílias de camponeses procurando no "mundo novo" terras para cultivar e paz para viver. Por isso, atendiam aos anúncios como os que o Governo Imperial Brasileiro fez chegar à Europa.

Durante o trajeto de navio até o Brasil, os imigrantes tinham de enfrentar longas viagens (de cerca de 90 dias), amontoados nas embarcações, por causa da grande quantidade de pessoas. Além disso, havia escassez de comida e péssimas condições de higiene.

Após a chegada ao País, os imigrantes eram encaminhados para seu destino. Eles não traziam muitos pertencentes de suas

GAENSLY, Guilherme. *Imigrantes europeus posando para fotografia no pátio central da Hospedaria dos Imigrantes de São Paulo.* c. 1890. Fundação Patrimônio da Energia de São Paulo/Memorial do Imigrante.

nações de origem, somente sua família e muitos sonhos. Aqui esperavam encontrar a terra tão sonhada.

Aqui no Brasil, muitos imigrantes se fixaram na Região Sul: alemães, italianos e poloneses, que vieram atraídos pela oportunidade de obter lotes de terra.

Sobre as crianças polonesas, escreveu o historiador Ruy Christovam Wachowicz (2002, p. 35-36):

> *Havia entre as famílias polonesas, o costume de fazer uma diferenciação de tratamento entre meninos e meninas, ou seja, entre filhos e filhas. Via-se o menino com o principal herdeiro das propriedades da família, bem como o continuador do nome da mesma. Além disso, era o menino que precisava receber, segundo eles, uma instrução melhor do que a menina porque teria que enfrentar a vida, procurar trabalho e maior responsabilidade em sustentar futuramente uma família.*
> *A menina, achavam os colonos, [...] dependente [...] do marido, ficaria em casa. Logo, não tinha tanta necessidade de receber instrução e educação mais apropriada. Seria suficiente a educação e a prática que recebia da mãe, no lar. Para que então esforçar-se e preocupar-se em proporcionar-lhe uma educação e instrução melhores? [...] Esse modo [...] de pensar, difundido entre os colonos, levou as Irmãs de Caridade a [...] criarem um tipo especial de curso para as meninas [...] o curso de educação familiar.*

Em 31 de janeiro de 1923, o Jornal *Lud* (apud Wachowicz, 2002, p. 36) fez o seguinte registro sobre as escolas de educação familiar:

> *As escolas de Educação Familiar datam de 1914, com maior ou menor frequência. Os cursos já estão funcionando em quatro estabelecimentos das Irmãs. Cada um desses estabelecimentos recebe de 20 a 30 meninas anualmente para o curso, as quais, voltando para os seus lares, serão as primeiras no serviço, na ordem e na economia, não somente dentro da família, como também entre os vizinhos e por vezes até na colônia.*

Entre os imigrantes havia a preocupação com a escolarização das crianças. No Paraná, os imigrantes poloneses fundaram uma escola na colônia Orleans em 9 de outubro de 1876. A instituição era dirigida pelo senhor Jerônimo Durski, conhecido como "pai das escolas polonesas". Sobre isso, escreveu Wachowicz (2002, p. 23):

> *Os colonos, eles mesmos em parte analfabetos, esforçaram-se e tomaram a iniciativa de proporcionarem a seus filhos ao menos o conhecimento das primeiras letras e as quatro operações de aritmética. O fato de partir do próprio imigrante a iniciativa da fundação de escolas para alfabetizar seus filhos [...] decorria da ausência de auxílio governamental.*

As aulas foram assim descritas por esse historiador (2002, p. 28):

> *As aulas eram simples. O professor escrevia letras bem grandes no quadro negro, o qual ele mesmo havia feito de tábuas, pintando-as de preto. As crianças copiavam-nas em pequenas lousas, que carregavam em seus "bocós", para estudá-las em casa.*

> *Estas lousinhas, usadas pelos alunos, eram muito desconfortáveis. Frequentemente, as letras apagavam-se ou borravam-se nas sacolas, o que era pior, as lousas batiam-lhes nas costas pelo caminho. [...] Manuais didáticos, não os havia nenhum. Utilizavam-se, pois, de livros de orações e de algum almanaque.*

Outros imigrantes se fixaram no interior paulista para trabalhar nas terras dos fazendeiros, com os quais assinavam uma espécie de contrato de trabalho. Segundo Alfredo Boulous Júnior (2000, p. 20), esta era a rotina dos imigrantes na fazenda:

> *O colono começava a trabalhar no cafezal às 5 horas da manhã; às 9h30 era o almoço, que devia durar meia hora. Ao meio-dia tinha quinze minutos para o café. Ele prosseguia trabalhando no cafezal até as 17h30. No dia seguinte repetia tudo novamente. Mulheres, crianças e velhos ajudavam na colheita do café, criavam animais, cuidavam da horta ao redor da casa. As mulheres, além disso, cozinhavam, teciam e cuidavam de crianças. Acostumados ao trabalho familiar no seu país de origem, os imigrantes italianos acreditavam que só com esforço de todos os membros da família conseguiriam melhorar de vida.*

As crianças e suas brincadeiras no Império

O historiador Marcos Cezar de Freitas (2009) fez o seguinte relato sobre as brincadeiras no Império:

> *[...] Mas mesmo apartadas dos adultos, as brincadeiras da época demonstram um olhar sensível para a realidade à sua*

A história da infância no Brasil | **151**

Fotógrafo: Hosrt Merkel

J.B. DEBRET. Le premier élan de la vertu guerrière (Meninos brincando de soldados) ou (O primeiro ímpeto da virtude guerreira), 1827. Aquarela, 15,3 x 21,6 cm. MEA 0300

*volta. Brincar de ser adulto possibilitava para os meninos de elite imaginar-se como senhores de engenho, representar o papel de proprietário de escravos e maltratar animais diante das crianças escravas, para demonstrar com exemplos o que poderiam fazer com "seus escravos". Algumas crianças tinham seus próprios chicotes e os meninos das grandes propriedades faziam das crianças escravas o brinquedo em si, exigindo que fossem seus cavalinhos ou "animaizinhos de fazenda" [...]
Entre as meninas, havia a brincadeira de "tornarem-se comadres" quando tinham um objeto raro em comum: a boneca de louça. Batizavam as filhas bonecas e tomavam chá repetindo alguns ritos que podiam observar nas vezes em que senhoras consideradas distintas se visitavam. Esse hábito é um típico costume da região Nordeste, no âmbito das grandes propriedades e relacionado àquilo que se considerava como etiqueta de elite. Bonecas de louça tinham um padrão: cabelos louros cacheados*

e olhos azuis. Eram vestidas de modo senhoril e expressavam uma ideia de elegância a ser assimilada por suas "mães". Mas, assim como suas "mães", elas raramente saíam às ruas. Produzidas na Europa, uma vez retiradas das embalagens algumas nunca mais passavam de volta pela porta em que entraram.

As bonecas que conheciam a luz do sol eram as de pano, produzidas nas mais variadas situações por costureiras, tias ou madrinhas dedicadas às habilidades manuais relacionadas à linha, ao tecido e à tesoura. As bonecas de pano eram vistas como o brinquedo possível para crianças de famílias não tão abastadas, não tão impregnadas pelo teatro de ostentação que se percebia nos sobrados mais ricos. Bonecas de pano eram doadas quando suas donas cresciam, e refeitas, costuradas, restauradas sempre que necessário. Doar bonecas de louça era menos comum. Crescendo a menina mãe da boneca de louça, era mais provável que o brinquedo permanecesse entre as relíquias da casa. [...]

As escolas do Império

O primeiro Jardim de Infância no Brasil foi fundado por Emília Erichsen em 1862. De família abastada e culta, estudou na Europa, onde conheceu as ideias do pedagogo e pedagogista Friedrich Fröebel. Após retornar ao Brasil, ela passou a residir em Castro, no interior do Estado do Paraná, onde fundou o Jardim de Infância.

Sobre a escola, escreveu a historiadora Aída Mansani Lavalle (s/d):

Nos Estados Unidos o primeiro Jardim de Infância foi instalado em 1855, pela senhora Schurz, em Wisconsin. Quanto ao Brasil, não se encontra nenhuma referência a um Jardim de Infância, segundo os métodos de Fröebel, na década de 1850, que não seja o de Emília Erichsen, em Castro, na Província do Paraná. Isso foi possível, devido à coincidência [da permanência] de Emília na Europa, quando as ideias de Fröebel estavam sendo discutidas. É provável que seu interesse naquele momento estivesse mais ligado a uma natural curiosidade de mulher culta e mãe, muito mais do que a de educadora, imprevisível naquela situação. [...]

Em 1862, [...] assumiu o cargo de professora de primeiras letras, muito mal pago. Continuou com sua escola, que funcionava como um internato e instalou o Jardim de Infância, destinado a crianças em idade pré-escolar dos 4 aos 6 anos.

Em seu estabelecimento, segundo consta de relatos, aboliu a palmatória e adotou o sistema de ensino que contrastava com o utilizado nas escolas públicas. Extremamente liberal, colocava

Acervo Casa da Cultura. *Colégio Emília Erichsen. Século XX.* Castro (PR).

lado a lado os filhos dos fazendeiros que compunham a classe dominante, com jovens pobres e até filhos de escravos.

O método de ensino divergia, também, do preconizado pelos órgãos oficiais e mostrava a grande influência que sofreu de Fröebel. Ausência de rotina, estímulo à criatividade, cada aluno preenchendo seu espaço com esforço próprio e estimulados pelo professor.

Em 11 de agosto de 2012, Derek Kubaski escreveu no *Jornal Gazeta do Povo*:

O jardim das crianças de Emília
Considerado o primeiro estabelecimento no modelo do Brasil, casarão em Castro guarda poucas lembranças de uma educadora revolucionária

Se alguém "deu a mão à palmatória" na escola para crianças da professora Emília Erichsen, em Castro (Campos Gerais), esse alguém foi a própria educadora. Indo na contramão de muitos de seus colegas de profissão, em pleno século XIX, ela não concordava com os castigos físicos dentro da sala de aula. A escola de Emília, tida como o primeiro e verdadeiro jardim de infância do Brasil, completa 150 anos de fundação em 2012. Em um tempo em que as classes que mesclavam meninos e meninas eram chamadas de "promíscuas", mesmo em documentos oficiais, ela ousou não fazer discriminação entre seus alunos. O estabelecimento deixou de funcionar alguns anos antes de ela morrer, fato ocorrido em 1907. No entanto, o casarão que abrigava a escola e a morada da professora está preservado e ainda chama atenção numa rua central de Castro, em meio a edificações bem mais recentes. Tendo sido utilizado para diversas outras finalidades ao longo de mais de um século, desde 1992 o local abriga a Casa da Cultura Emília Erichsen. Uma foto da professora, já borrada pela ação do tempo, recepciona o visitante.

Apesar de levar o nome da educadora, a casa tem pouquíssimos registros associados à Emília, cuja documentação foi se perdendo ao longo das gerações. A memória ancestral, registrada por pessoas que conviveram com a pioneira do modelo "jardim de infância" no Brasil, é a principal fonte de evidências sobre o trabalho desenvolvido por ela. Foi com base nesses relatos, principalmente, que o pesquisador Ronie Cardoso Filho conseguiu chegar a uma história sobre a vida e a trajetória profissional de Emília.

"São poucas evidências, mas elas revelam, claramente, que ela teve uma vivência que ninguém mais teve entre os professores de então. Ela viveu na Alemanha por um tempo e foi contemporânea do educador germânico Friedrich Fröebel, que inventou o conceito de jardim de infância. Não se sabe se ela o conheceu pessoalmente, mas é nessa época que surge o interesse dela pelo pensamento de Fröebel, que fundamentou o estilo de ensino que ela empregou na cidade", conta. [...]

Colégio Pedro II, uma das escolas criadas no Império

A origem do Colégio Pedro II remonta ao Seminário dos Órfãos de São Pedro, criado em 1739, no Rio de Janeiro. Depois de

27 anos, passou a se chamar Seminário de São Joaquim e exerceu também a função de escola, representando um polo de cultura.

O Seminário de São Joaquim foi transformado em Colégio Pedro II graças a um decreto publicado em 1837. Beatriz Boclin Marques dos Santos (2009), coordenadora do Núcleo de Documentação e Memória do Colégio Pedro II, explica o significado deste colégio:

BERTICHEM, P. G. *Colégio Pedro II e Igreja de São Joaquim.* 1856. Desenho. Lithographia Imperial de Eduardo Rensburg, Rio de Janeiro.

Como não havia instituições que se dedicassem à formação de professores, normalmente eram selecionados membros da comunidade letrada do Império, como advogados, médicos, escritores [...]

O governo imperial estabelecia ainda os programas de ensino do Colégio. Todos eles seguiam os ideais do Império de gerir um projeto para uma nação identificada com o homem branco

europeu e cristão. Para desenvolver o trabalho de construir uma História do Brasil, os intelectuais historiadores do IHGB e do Colégio Pedro II utilizaram a concepção de História que se constituía na Europa naquele momento. A escrita era fundamentada em uma história universal, ligada às tradições iluministas, de cunho científico. Esta modalidade atendia à necessidade de pesquisar o passado colonial e de valorizar a realidade brasileira sem deixar de incluir o país na civilização ocidental [...]
No Colégio Pedro II, a História fazia parte do chamado currículo das "humanidades", cujo padrão cultural era a Antiguidade Clássica. A formação oferecida se inspirava na educação francesa, tendo como modelo as escolas idealizadas por Napoleão Bonaparte, como o Colégio Henrique IV e o Liceu Luís, o Grande. Latim, grego, literatura clássica e história ocidental compunham o currículo escolar (Santos, 2009).

A infância de d. Pedro II

D. Pedro II (Pedro de Alcântara João Carlos Leopoldo Salvador Bibiano Francisco Xavier de Paula Leocádio Miguel Gabriel Rafael Gonzaga) foi o segundo e último monarca do Império do Brasil. Nasceu em 2 de dezembro de 1825, no Rio de Janeiro, e faleceu em 5 de dezembro de 1891, em Paris. Era o filho mais jovem do imperador d. Pedro I do Brasil e de d. Maria Leopoldina, que faleceu um ano após seu nascimento.

Em 1831, d. Pedro I partiu para Portugal para recuperar o trono português usurpado pelo irmão, d. Miguel. Ele faleceu em 1836, em Lisboa.

Retrato de dona Leopoldina Habsburgo e seus filhos. Domenico Failutti. *Crédito fotográfico da reprodução: Hélio Nobre. Acervo do Museu Paulista da Universidade de São Paulo.*

Palliere. Quadro D. Pedro II menino. 1830. Museu Imperial.

Taunay. Quadro D. Pedro, D. Francisca e D. Januária. Sem data. Museu Imperial.

Na ocasião, o príncipe, com pouco mais de cinco anos, ficou sob os cuidados de um tutor, José Bonifácio de Andrada e Silva. Nesse contexto, tornou-se herdeiro do trono brasileiro.

Uma das fontes para conhecer a infância de d. Pedro II são as pinturas retratando diferentes momentos de sua vida.

Segundo Lilia Moritz Schwarcz e Rui Oliveira (2009, p. 30):

> *Pouco se conhece sobre esse período da vida do segundo imperador do Brasil. Sobram apenas relatos do monótono cotidiano do jovem e de suas irmãs [...]. Longe da família, restavam os estudos que D. Pedro, como bom herdeiro, levava a sério.*
>
> *O dia a dia imperial destacava-se, sobretudo, pelo tedioso cotidiano e pelas regras estritas que, seguidas com a precisão de um relógio, mantinham o príncipe afastado de seus súditos.*

No dia de seu aniversário de quinze anos, d. Pedro registra em seu diário:

> *Às cinco da manhã os tiros já ribombavam pelos montes de S. Cristóvão e as bandeiras hasteadas tremulavam no azulado céu. Às seis levantei-me; [...]*
>
> *Depois almocei o meu costumado: ovos e café com leite, aprazível bebida; às oito para as nove, ouvi missa no novo oratório, que na verdade ficou bom. Fui me vestir, coitados de meus ombros gemiam com o peso, tem oito libras, afora as ordens, a espada e a banda [...]*
>
> *Chegando ao Paço descansei um pouco, depois fui para o Te*

Deum, *grandezinho, mas suportável por ser composto por meu pai, houve muita gente, muitos criados que vinham a petiscar honras.*

Já a tropa estava em ordem e de bandeiras desenroladas; quando cheguei à janela tocaram o Hino Nacional, *que, acenando, mandei parar. Depois a trombeta tocou o seu clarim, que outrora me era tão terrível; principiaram os tiros de artilharia, que antigamente até me faziam verter lágrimas de terror.*

Acabadas as descargas o comandante mandando tirar as barretinas disse: "Viva S. M. I. o Sr. d. Pedro II, Vivam Suas Altezas, Viva a Constituição", ao que todos responderam com unânime aclamação, tendo passado em continência fui para o beija-mão [...]

Fui para cima, despi-me, descansei, depois fui jantar quase às três para as quatro. Depois do jantar tomei café, um cálice de licor e joguei alguma coisa (não pensem que foi com cartas). À tardezinha vesti-me e às sete e três quartos, parti para o teatro, depois de tocar a sinfonia ouvi bater palmas num camarote, disse cá comigo: "Lá vai verso", eis que me dou ao trabalho de transcrevê-los, refiro-me ao mesmo jornal, foram outros piores, enfim foram os últimos péssimos.

Depois de longo intervalo e desafinadas ouvertures [...], nunca vi harpa como esta nem mesmo as dos pretendentes. Acabada a peça, dormindo fui para casa, dormindo me despi e dormindo me deitei, agora façam-me o favor de me deixarem dormir, estou muito cansado, não é pequena a maçada! (Mauad, apud Priore, 2002, p. 137-176).

A infância no Brasil República

Como era a vida das crianças na República?

O trabalho infantil na República

Muitas crianças que viveram no início do período republicano realizavam diversos trabalhos, muitas delas trabalhavam em fábricas. Sobre o trabalho infantil, a historiadora Irma Rizzinni (apud Priori, 2002, p. 376-406) escreveu:

> *A extinção da escravatura foi um divisor de águas no que diz respeito ao debate sobre o trabalho infantil; multiplicaram-se, a partir de então, iniciativas privadas e públicas, dirigidas ao preparo da criança e do adolescente para o trabalho, na indústria e na agricultura. O debate sobre a teoria de que o trabalho seria a solução para o "problema do menor abandonado e/ou delinquente" começava, na mesma época, a ganhar visibilidade. A experiência da escravidão havia demonstrado que a criança e o jovem trabalhador constituíam-se em mão de obra mais dócil, mais barata e com mais facilidade de adaptar-se ao trabalho.*
> *Nessa perspectiva, muitas crianças e jovens eram recrutados nos asilos de caridade, algumas a partir dos cinco anos de idade, sob a alegação de propiciar-lhes uma ocupação considerada mais útil, capaz de combater a vagabundagem e a criminalidade. Trabalhavam 12 horas por dia em ambientes insalubres, sob rígida disciplina.*

Nicolina Luiza de Petta (1995, p. 31-32) também escreveu sobre o trabalho feito por crianças no Período Republicano:

> *Para meninos e meninas que tinham de trabalhar a vida nas fábricas era um grande sacrifício. A jornada de trabalho começava às 7 ou 8 horas da manhã e ia até 6 ou 7 horas da noite. Muitas crianças começavam a trabalhar aos 9 ou 10 anos de idade, e algumas começavam antes ainda, com 7 ou 8 anos.*
> *Quais serviços que alguém de tão pouca idade podia realizar? Engraxar sapatos, por exemplo, ou fazer pipas para vender. Mas trabalhavam, também, em serviços mais complicados, como gravar em metal ou soprar vidro derretido para fazer garrafas ou outros objetos.*
> *O memorialista Jacob Penteado, que viveu a experiência de ser um menino operário, conta que o trabalho dentro de uma vidraria é perigoso e faz mal à saúde devido ao calor que sai das fornalhas e que torna o ar muito quente e difícil de respirar. Muitos meninos contraíam tuberculose, doença que, naquele tempo, matava muito facilmente, já que os antibióticos ainda não tinham sido descobertos. O mais triste é que até hoje existem denúncias de trabalho de menores em vidrarias.*
> *As meninas se empregavam em oficinas de costura ou em fábricas de tecidos. "Com 10 anos comecei a trabalhar em uma oficina de costura. As meninas varriam a sala, juntavam os alfinetes do chão, arrumavam as linhas nas caixas. Trabalhava das 8 da manhã às 7 da noite", relembra dona Alice, que trabalhava em uma oficina de costura da cidade de São Paulo, na década de 1910. [...] Embora trabalhassem turnos extensos, de 8 a 10 horas por dia, e realizassem tarefas complicadas e perigosas para a sua idade,*

as crianças recebiam salários inferiores ao salário de adultos que fizessem o mesmo trabalho. Às vezes nem salário recebiam, apenas trabalhavam em troca de gorjetas ou da casa para morar.

Sobre o trabalho nas fábricas, escreveu Esmeralda Blanco Bolsonaro de Moura (apud Priori, 1998, p. 112-128):

> Ao menor – criança ou adolescente – são atribuídas as mais diversas funções, independentemente do perigo muitas vezes inerente destas ou da idade insuficiente daquele e de sua inexperiência profissional, sem que sejam, no geral, observadas as condições mínimas de segurança. Exemplificando, a limpeza das máquinas, função em que grande parte atribuída ao menor

Crédito: Coleção Augusto Malta – Museu da Imagem e do Som de São Paulo.

MALTA, Augusto. s.d. *Fundição São Pedro*. Seção de modelação. Museu da Imagem e do Som, São Paulo.

é, com muita frequência, executada sem que se interrompa a produção, aumentando sobremaneira a ocorrência de acidentes. Além disso, é possível constatar, sobretudo através do noticiário da imprensa, que grande parte dos trabalhadores menores são acidentados em correias, serras circulares, plainas e tornos mecânicos, cilindros, enfim, em máquinas tidas, muitas vezes, como particularmente perigosas.

A educação das crianças na República

O Jardim de Infância, para crianças de quatro a sete anos de idade, era uma rara novidade. Em São Paulo, por exemplo, o primeiro deles foi fundado em 1896, anexo à escola-modelo Caetano de Campos [...]
Mas grande parte das famílias tinha ainda certa resistência contra as escolas. Retardavam ao máximo a entrada dos filhos na escola, preferindo contratar preceptores que os instruíssem em casa. Se isso valia para os meninos, mais ainda para as meninas, cuja educação formal foi relegada para segundo plano. Mas a maioria das crianças de elite e da nascente classe média estudava nos "sólidos colégios", como o Caetano de Campos, em São Paulo, o ginásio nacional, no Rio, o Colégio Gomes, em Porto Alegre, e o Salesiano em Salvador.
Eram comuns também os internatos, como o Ginásio Macedo Soares, de São Paulo. Mas havia escolas que seguiam o modelo do Colégio de Caraça, de Minas Gerais, onde os castigos físicos aterrorizavam as crianças.
(Fonte: ABRIL CULTURAL. *Nosso Século (1900/1910)*. São Paulo: Abril Cultural, 1985. v. 1. p. 144, 147.)

A história da infância no Brasil | **165**

Acervo iconográfico Escola Caetano de Campos. Sala de aula, seção masculina. 1908. Divisão de Arquivo do Estado. Departamento de Artes e Ciências Humanas. São Paulo. Disponível em: https://ieccmemorias.wordpress.com/page/5/. Acesso em: 21 abr. 2014.

Com a mudança dos tempos, algumas escolas, como a Caetano de Campos, em São Paulo, foram abolindo os castigos físicos, e substituindo-os por rígida disciplina. Surge, no começo do século XX, uma nova pedagogia, em que a punição não mais se exerce sobre o corpo, mas sobre a "alma", visando a moldar o caráter dos futuros cidadãos. Nasce o tempo das suspensões de aula, do ficar em pé diante do quadro-negro, das listas de bons e maus alunos afixadas na parede.
(Fonte: ABRIL CULTURAL. *Nosso Século (1900/1910)*. São Paulo: Abril Cultural, 1985. v. 1. p. 147.)

Aula de Caligrafia na Escola Normal Caetano de Campos, 1895.

Alunos do grupo escolar em aula prática de ginástica sueca, 1927. Espírito Santo do Pinhal (SP).

O ingresso das mulheres nas escolas normais, consideravelmente superior à dos homens desde o início da República, tornou-se cada vez mais pronunciado, evidenciando a presença

Acervo iconográfico Escola Caetano de Campos. Segundo ano misto. Curso Normal. 1931. Aclimação, São Paulo. Disponível em: http://www.crmariocovas.sp.gov.br/exp_a.php?t=014e. Acesso em: 21 abr. 2014.

majoritária do sexo feminino no magistério primário. Em 1940, nas escolas de Ensino Primário, havia 17.961 professores, dos quais 16.322 eram mulheres.

É interessante observar que o ingresso feminino no ensino, iniciada no final dos anos 1800, coincide com o aumento do controle da educação por meio de programas e métodos pedagógicos, além da hierarquia de diretores e inspetores, enquanto autoridades masculinas suficientes, a exigir-lhes o exato "cumprimento do dever".

As cartilhas escolares ganharam um espaço importante. Algumas delas tornaram-se famosas e permaneceram por vários anos nas atividades escolares dos alunos. Destaca-se a *Cartilha Sodré*, que ultrapassou a tiragem de seis milhões de exemplares.

Cartilha Sodré, 1940.

Na década de 1970, há uma transformação radical dos livros destinados ao uso escolar. O livro didático aumenta de tamanho, passando a apresentar definitivamente juntos: texto, teoria e exercícios e, como consequência, torna-se um produto consumível e descartável. A ilustração torna-se fundamental na transmissão de conteúdos, destacando-se o pioneirismo da Caminho Suave, *cartilha que vendeu mais de 40 milhões de exemplares. O uso dos quadrinhos, técnica emprestada dos gibis, torna-se geral.*

Cartilha Caminho Suave (1ª edição, 1948)

O manual e o livro do professor, assim como a "ficha de leitura", tornam-se instrumentos pedagógicos imprescindíveis.

O ensino da língua materna, voltado para as funções de "comunicação e expressão", permitiu a entrada dos mais variados tipos de texto na sala de aula, redirecionando a seleção de textos dos livros didáticos e propiciando o crescimento da literatura infantil a uma taxa explosiva.

(Fonte: CENTRO DE REFERÊNCIA EM EDUCAÇÃO MARIO COVAS. A Escola Pública e o saber: painéis temáticos. Disponível em: http://www.crmariocovas.sp.gov.br/exp_a.php?t=011e. Acesso em: 26 out. 2013.)

A cultura e a criança na República

Brinquedos e brincadeiras das crianças

Mas a vida das crianças não era apenas trabalho e escola. Havia também o tempo de brincar, maior para alguns, menor para outros, conforme as condições de vida de cada família.

Os meninos e meninas do começo do século XX tinham mais liberdade de brincar nas ruas do que os jovens de hoje. Não havia o problema da violência como existe hoje nas cidades grandes, e o pouco movimento de carros, bondes e carroças nos bairros colocava à disposição das crianças amplos espaços urbanos para as brincadeiras. Brincavam de amarelinha, pegador, lenço-atrás, pular corda, barra-manteiga, boca de forno, passa-anel, chicote-queimado, bento que bento frade.

Os meninos jogavam futebol no meio das ruas ou nos campos de várzea. Como era difícil comprar uma bola de couro, as mães faziam bolas de meia para os meninos jogarem. Uma bola de meia era feita com uma meia velha bem cheia com retalhos de tecidos, costurada em forma de bola.

As crianças não tinham brinquedos comprados em loja. A maioria das brincadeiras era feita nas ruas e envolvia apenas as habilidades de correr, se esconder, pular, contar, declamar versinhos. Os brinquedos que existiam eram, em sua maioria, feitos em casa, como a bola de meia, as bonecas de pano e os carrinhos feitos com rodas de carretel de linha. Os meninos faziam também pipas e balões (De Petta, 1995, p. 34-35).

Cabeçalho da revista nº 1, Rio de Janeiro, 1905.

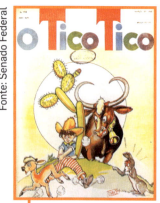

Edição nº 1 da revista *O Tico-Tico*, Rio de Janeiro, 1905.

A literatura

A história em quadrinhos

Logo no início do período republicano foi criada a primeira revista em quadrinhos para crianças: O Tico-Tico.

Em 1905 não existia nenhuma revista para crianças editada no Brasil. O Tico-Tico *tinha vindo para durar. A longevidade de seu sucesso jamais seria alcançada por qualquer publicação nacional até os dias de hoje. A revista tornou-se referência cultural – ligou o País de Norte a Sul – e referência educacional e de entretenimento.*

No início de sua existência, a função de O Tico-Tico *era divertir as crianças fora da sala de aula, mas depois os editores adotaram uma linha educativa, abrangendo hábitos, costumes, comportamentos e valores da sociedade brasileira de então. A revista* O Tico-Tico *teve importante participação no combate ao analfabetismo, ao alcoolismo e na implantação do escotismo no Brasil.*

Durante 57 anos em que circulou, o charme e a graça de O Tico-Tico *arrebataram leitores como Ruy Barbosa, Olavo Bilac, Tristão de Athayde, Arnaldo Nisker, Carlos Drummond de Andrade, Lygia Fagundes Telles, Ziraldo, Ana Maria Machado, entre outros.*

Edição nº 1948, Rio de Janeiro, 1948.

Fonte: Senado Federal

O Tico-Tico *acabou em abril de 1962. Durante mais de meio século circulou e atuou, alegrou três gerações, mas foram surgindo novos entretenimentos como o cinema, os programas de TV, que atraíam a atenção dos leitores outrora cativos* (Morreti, s/d, adaptado).

Por uma ação reflexiva

- Como é possível saber como viveram as crianças do passado?
- De que modo vivem as crianças brasileiras do século XXI?

Proposta prática:
a história da infância no Brasil ao longo dos séculos

A história da infância é o relato de todas as crianças brasileiras que vivem essa faixa etária de forma distinta.

O século XX foi decretado como o "Século da Criança". Isto fez que a atenção de muitos profissionais (médicos, educadores, advogados, psicólogos, entre outros) se voltasse para as crianças. Da mesma forma, elas se tornaram alvo da indústria voltada a produtos exclusivamente infantis.

Em 1900, Ellen Key escreveu seu livro Barnets Århundrade, *uma dura crítica em relação à maneira como a criança era tratada não só entre o proletariado mas também nas classes altas. A autora antevia uma sociedade melhor e manifestava a esperança, expressa no próprio título da obra, de que o século vinte seria "o século da criança". Outros compartilhavam desta visão. Durante as primeiras décadas do século vinte, os poderes públicos e entidades particulares mobilizaram-se para salvar as crianças de ambientes inadequados e para lhes oferecer melhores condições de vida. A discussão que então se estabeleceu evidencia a existência de conflitos entre diferentes posturas a respeito do que seria o ideal de infância pautada entre a infância romântica e a infância da criança trabalhadora* (Sandin, 1999).

Na atualidade, as crianças brasileiras possuem comportamentos distintos, de acordo com a realidade em que vivem: existem algumas que moram em cidades, outras em regiões rurais. Existem aquelas que estão em contato com a natureza, enquanto muitas vivem em apartamentos, ou casas. Além disso, embora o trabalho infantil seja um grande problema social, muitas crianças trabalham ilegalmente para auxiliar seus pais.

Por isso, faz-se necessário um minucioso estudo das diferentes realidades sociais para melhor compreensão dos costumes da infância nas diversas sociedades.

- Organizar uma pesquisa em sala de aula, refletindo com os alunos sobre as seguintes questões:
  - Como viveram as crianças do passado?
  - De que forma eram seus brinquedos e suas brincadeiras? Onde passeavam?

▸ Observar as fotografias com os alunos, fazendo-os refletir sobre os seguintes tópicos:

- Estabelecer um diálogo com eles sobre o conteúdo das fotos.
- Questioná-los sobre o modo de vida das crianças do passado.

Década de 1920   Década de 1970

Fonte: Acervo das autoras

Crianças de diferentes épocas andam de bicicleta.

- Como é o dia a dia dos colegas de classe? Que tipo de atividades eles realizam (jogos e brincadeiras, o que aprenderam e com quem, onde brincam, quais as atividades realizadas na escola, o que fazem nos fins de semana etc.)?

▸ Elaborar com os alunos um quadro com as semelhanças e as diferenças encontradas.

Os cuidados com as crianças

A Pastoral da Criança

> *A Pastoral da Criança, organismo de ação social da CNBB, alicerça sua atuação na organização da comunidade e na capacitação de líderes voluntários que ali vivem e assumem a tarefa de orientar e acompanhar as famílias vizinhas em ações básicas de saúde, educação, nutrição e cidadania tendo como objetivo o "desenvolvimento integral das crianças, promovendo, em função delas, também suas famílias e comunidades, sem distinção de raça, cor, profissão, nacionalidade, sexo, credo religioso ou político".*
> (Fonte: PASTORAL DA CRIANÇA. Disponível em: http://www.pastoraldacrianca.org.br/pt/. Acesso em: 28 out. 2013.)

Após a leitura do texto, propor aos alunos que façam uma pesquisa sobre a Pastoral da Criança e as ações que são desenvolvidas por essa organização.

Estatudo da Criança e do Adolescente (ECA)

> *O Estatuto da Criança e do Adolescente (Lei Federal n. 8.069/1990, de 13 de julho de 1990) é um conjunto de normas do ordenamento jurídico brasileiro cujo objetivo é a proteção integral da criança e*

do adolescente, aplicando medidas e expedindo encaminhamentos para o juiz. Regulamenta os direitos das crianças e dos adolescentes com base nas diretrizes fornecidas pela Constituição Federal de 1988, internalizando uma série de normativas internacionais. Vale citar que o Brasil foi o primeiro país a adequar a legislação interna aos princípios consagrados pela Convenção das Nações Unidas de 1989, até mesmo antes da vigência obrigatória daquela.
(Adaptado de: ESTATUTO DA CRIANÇA E DO ADOLESCENTE. Disponível em: http://pt.wikipedia.org/wiki/Estatuto_da_Crian%C3%A7a_e_do_Adolescente>. Acesso em: mar. 2014.)

Com base nesse fragmento, propor aos alunos as seguintes atividades:

a) Pesquisar os artigos do Estatuto da Criança e do Adolescente e registrar as principais necessidades das crianças brasileiras.

b) Fazer um levantamento sobre as principais necessidades das crianças da região onde vivem.

O trabalho infantil

Nas cidades brasileiras, principalmente nas capitais, o exército de pequenos trabalhadores nas ruas chama a atenção de todos. São milhares de crianças e adolescentes vendendo balas, chicletes, chocolates, nos sinais, nos bares e onde houver consumidores em potencial. É cena do cotidiano dos moradores das grandes

> *cidades grupos de crianças pequenas esmolando, faça sol ou chova. Estas crianças têm jornadas estafantes de trabalho, não vão à escola e muitas vezes estão longe de suas famílias, sendo exploradas por terceiros* (Rizzinni, 2010, p. 390-391).

A partir da leitura do texto:
- Conversar com as crianças sobre o trabalho infantil e suas consequências sociais.
- Pesquisar o que é a Unicef e que ações são realizadas com o objetivo de evitar a exploração do trabalho infantil.
- Visitar o *site* do Ministério Público do Trabalho para identificar as ações realizadas com o objetivo de proteger as crianças.

O modo de viver das crianças

> *Nenhuma criança tem tanta liberdade e independência quanto as indígenas. São respeitadas como adultos e amadas como crianças. O nascimento, em ambas as tribos, é muito festejado. Para os Guarani, elas são quase sagradas, pois reencarnam parentes mortos. Para os Kayapó, o número de filhos indica a posição social dentro da comunidade [...]* (Bencini; Alencar, 1999, p. 19).

- Ler o texto com os alunos, perguntando-lhes a opinião delas sobre o 'ser criança indígena'.
- Organizar uma pesquisa sobre o modo de vida das crianças indígenas do passado e do presente.

Livros sugeridos para ações literárias

A infância de Ziraldo
- Audálio Dantas
- Ilustrações: Camila Mesquita
- Editora Callis

Um relato cheio de recordações da infância do grande cartunista Ziraldo. O texto fala de sua relação com os avós, as brincadeiras na rua, seu tempo de escola. Emoções despertadas a partir de um retrato tirado na infância.

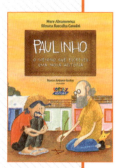

Paulinho, o menino que escreveu uma nova história
- Mere Abramowicz e Silmara Rascalha Casadei
- Ilustrações: Marco Antonio Godoy
- Cortez Editora

Ao se tornar professor, Paulinho (Paulo Freire), procurou ler não só os livros, mas as questões do mundo. Olhou as dificuldades do povo e enxergou novas possibilidades, ajudando a alfabetizar milhões de jovens e adultos que não tiveram a oportunidade de frequentar uma escola.

Reinações de José Mindlin: por ele mesmo
• José Mindlin
• Ilustrações: Laura Weiss
• Editora Ática

De forma envolvente e cativante, o autor aborda temas sérios que marcaram sua infância: o ano de seu nascimento (1914), que coincidiu com o início da Primeira Guerra Mundial, a emigração de seus pais para o Brasil e seu fascínio pela literatura, fazendo que tivesse uma das maiores bibliotecas particulares da América Latina.

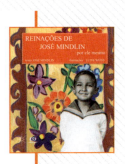

Toda criança tem o direito de ler o mundo
• Fabiano dos Santos Piúba
• Ilustrações: Rafael Limaverde
• Cortez Editora

Um livro que mostra os direitos de leitura das crianças. Não somente de ler, mas de brincar com os mitos e as lendas, discutir com as ilustrações, criar outros mundos, soltar a imaginação, despertar os sonhos, de compartilhar os textos com pais, professores e amigos, enfim, de sentir-se parte do mundo.

Para além da sala de aula

Os livros do passado e do presente utilizados pelos alunos no ambiente escolar

- Fazer com os alunos uma pesquisa sobre os livros utilizados na escola.
- Verificar na biblioteca se existem livros didáticos de outras épocas. Também é possível que os alunos verifiquem se, em suas casas, há algum livro que foi utilizado por outros familiares (pais, irmãos, avós etc.).

- Organizar uma exposição com os livros trazidos pelos alunos. Aqui, é importante que eles informem como conseguiram os livros, quem os usava, de que tratam, quando foram publicados etc.

Fonte: Autoras

Pequeno manual de História do Brasil, História do Brasil para crianças e página de cartilha.

No século XX, muitos produtos passaram a utilizar imagens de crianças em suas propagandas. Por meio de documentos, é possível realizar alguns questionamentos, como:

- A imagem das crianças deve ser usada nos meios publicitários?
- Qual é a opinião dos alunos sobre os comerciais que fazem uso da imagem de crianças?

a) Solicitar aos alunos que pesquisem produtos que utilizem crianças para divulgar e comercializar.

b) Inserir imagens de propagandas antigas.

Ilustrações: Ivan Coutinho

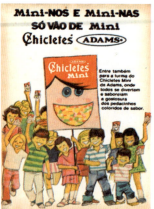

Ilustrações de cartazes de propagandas antigas.

c) Após os questionamentos, solicitar que os alunos escrevam uma narrativa sobre a participação das crianças nas campanhas publicitárias.

1. A literatura

A literatura de cada época expressa a forma de pensar e sentir dos autores. Suas obras servem de indícios para os historiadores pesquisarem cada período retratado nos textos. Para ilustrar este exemplo, a seguir, está o poema escrito por Cora Coralina, pseudônimo de Ana Lins dos Guimarães Peixoto Bretas. Ela nasceu no ano de 1889, na cidade de Goiás, antiga capital de Goiás, e faleceu em 1985, em Goiânia, no mesmo Estado. Mulher simples, doceira de profissão, viveu longe das grandes cidades. Escreveu muitos poemas sobre a vida no interior brasileiro, em particular dos becos e ruas históricas de Goiás.

O poema "A escola da Mestra Silvina" foi publicado pela primeira vez em 1965:

A escola da Mestra Silvina

Minha escola primária...
Escola antiga de antiga mestra.
Repartida em dois períodos
Para a mesma meninada,
Das 8 às 11, da 1 às 4.
Nem recreio, nem exames,
Nem notas, nem férias.
Sem cânticos, sem merenda...
Digo mal – sempre havia

Distribuídos
Alguns bolos de palmatória...
A granel?
Não, que a Mestra
Era boa, velha, cansada, aposentada.
Tinha já ensinado a uma geração
Antes da minha.
A gente chegava – "Bença, Mestra".
Sentava em bancos compridos,
Escorridos, sem encosto.
Lia alto lições de rotina:
O velho abecedário,
Lição salteada.
Aprendia a soletrar.
[...]
Não se usava quadro-negro

As contas se faziam
Em pequenas lousas
Individuais.
[...]
Banco dos meninos.
Banco das meninas.
Tudo muito sério.
Não se brincava.
Muito respeito.

▸ A partir da leitura da poesia, analisar com os alunos:
- O tipo de documento.
- O autor.
- O enredo.
- As palavras utilizadas para explicar os personagens e o lugar retratado.

▸ Solicitar que eles escrevam uma narrativa sobre seu ambiente escolar, explorando as semelhanças e as diferenças entre esse espaço e o local retratado no poema.

▸ Refletir com os alunos sobre a frase do pesquisador colombiano Evelio Cabrejo Parra: "Os bons livros para bebês são aqueles que falam com eles, e não sobre eles".[8]

▸ Em seguida, ler a entrevista e o texto deste capítulo sobre *O Tico-Tico*, a primeira revista em quadrinhos brasileira destinada ao público infantil.

▸ Organizar com os alunos um mural sobre os livros de literatura que leram ou conhecem. Também é possível elaborar uma espécie de "roda da leitura" em que todos possam contar sobre as histórias que já leram e trocar livros. Organizar uma pesquisa no acervo da biblioteca da escola sobre os livros expostos.

---

8 - Para mais informações, confira a entrevista do pesquisador à *Revista Nova Escola* no site: http://revistaescola.abril.com.br/creche-pre-escola/entrevista-evelio-cabrejo-parra-736818.shtml?page=1).

▸ Incentivar que as crianças identifiquem informações sobre a obra, como: autor, ilustrador, data de publicação, editora etc.

▸ Apresentar para a classe A Turma do Plenarinho. Esse é o principal canal de interação entre a Câmara dos Deputados e o universo infantil (crianças de sete a doze anos), bem como pais, professores e educadores. Por meio de uma linguagem acessível e lúdica, o portal informa sobre as atividades do Poder Legislativo. Disponível em: http://www.plenarinho.gov.br.

▸ Também é importante que os alunos conheçam o "Projeto Memórias do Futuro: Olhares da Infância Brasileira". Essa proposta pesquisa a cultura da infância do Brasil a partir de um processo de sensibilização do olhar investigativo e criativo de jovens, educadores e crianças, em ações que se propagam em redes virtuais e presenciais, estimulando a aproximação de gerações e a troca de conhecimentos e fazeres práticas relacionados ao brincar. Disponível em: http://www.memoriasdofuturo.com.br.

Para conhecer mais

DIMENSTEIN, Gilberto; GIANSANTI, Álvaro César. *Quebra-cabeça Brasil*: temas de cidadania na História do Brasil. São Paulo: Ática, 2003.

MAUAD, Ana Maria. A vida das crianças de elite durante o Império. In: PRIORE, Mary Del (Org.). *História da criança no Brasil*. 3. ed. São Paulo: Contexto, 2002. p. 137-176.

MOURA, Esmeralda Blanco Bolsonaro de. Infância operária e acidente do trabalho em São Paulo. In: PRIORE, Mary Del (Org.). *História da criança no Brasil*. 1. ed. São Paulo: Contexto, 1998. p. 112-128.

PETTA, Nicolina Luiza de. *A fábrica e a cidade até 1930*. 4. ed. São Paulo: Atual, 1995. p. 31-32.

RIZZINNI, Irma. Pequenos trabalhadores do Brasil. In: PRIORE, Mary Del (Org.). *História da criança no Brasil*. 3. ed. São Paulo: Contexto, 2002.

Referências bibliográficas

ABRIL CULTURAL. *Nosso Século (1900/1910)*. São Paulo: Abril Cultural, 1985. v. 1.

ABRAMOWICZ, Mere; CASADEI, Silmara Rascalha. *Paulinho, o menino que escreveu uma nova história*. Ilustrações: Marco Antonio Godoy. São Paulo: Cortez Editora, 2011.

ABUD, Katia Maria. A construção de uma didática da História: algumas ideias sobre a utilização de filmes no ensino. *História*, Franca, v. 22, n. 1, p. 183-193, 2003.

_____. Formação da alma e do caráter nacional: ensino de História na era Vargas. *Rev. Bras. Hist.*, São Paulo, v. 18, n. 36, 1998.

A HISTÓRIA do caderno. *Revista Ciência Hoje das Crianças*, ano 20, n. 176, jan.-fev. 2007.

ALBERGARIA, Lino de. *Álbum de família*. Ilustrações: Ana Maria Moura. São Paulo: Edições SM, 2005. (Muriqui Júnior).

ALEMAGNA, Beatrice. *O que é uma criança?* Tradução: Monica Staubel. São Paulo: WMF Martins Fontes, 2010. p. 4.

ALMEIDA, Adriana Mortara; VASCONCELLOS, Camilo de Mello. Por que visitar museus? In: BITTENCOURT, Circe (Org.). *O saber histórico em sala de aula*. São Paulo: Contexto, 1997.

ARTIÈRES, Philipe. Arquivar a própria vida. *Revista Estudos Históricos*, Rio de Janeiro, v. 11, n. 21, 1998.

ASHBY, Rosalyn. O conceito de evidência histórica: exigências curriculares e concepções de alunos. In: BARCA, Isabel (Org.). *Educação histórica e museus*. Braga: Universidade do Minho, 2003. p. 37-55.

BARCA, Isabel. A educação histórica numa sociedade aberta. *Currículo sem Fronteiras*, Rio Grande do Sul, v. 7, n. 1, p. 5-9, jan./jun. 2007.

_____. Educação histórica: uma nova área de investigação. In: NETO, José Miguel Arias (Org.). *Dez anos de pesquisas em ensino de História*. Londrina: AtritoArt, 2005. p. 15-25.

_____. Investigação em educação histórica: fundamentos, percursos e perspectivas. In: OLIVEIRA, Margarida Dias; CAINELLI, Marlene Rosa; OLIVEIRA, Almir Félix (Orgs.). *Ensino de História*: múltiplos ensinos em múltiplos espaços. Natal: EDFURN, 2008. p. 23-33.

BENCINI, Roberta; ALENCAR, Marcelo. A saga dos velhos brasileiros. *Nova Escola*, São Paulo, n. 121, p. 19, abr. 1999.

BITTENCOURT, Circe Maria Fernandes. *Ensino de História*: fundamentos e métodos. São Paulo: Cortez Editora, 2004.

BORGES, Maria Eliza Linhares. *História e fotografia*. Belo Horizonte: Autêntica, 2003.

BOULOS JÚNIOR, Alfredo. *Imigrantes no Brasil (1870-1920)*. São Paulo: FTD, 2000.

BRANCO, Sandra. *As cores e as dores do mundo*. Ilustrações: Claudia Cascarelli. São Paulo, Cortez Editora, 2011.

BRANDÃO, Carlos R. et al. *O difícil espelho*: limites e possibilidades de uma experiência de cultura em educação. Rio de Janeiro: Iphan/Depron,1996.

BRASIL. Comitê Nacional de Educação em Direitos Humanos. *Plano Nacional de Educação em Direitos Humanos*. Brasília, DF: Secretaria Especial dos Direitos Humanos; Ministério da Educação; Ministério da Justiça; Unesco, 2007.

_____. *Constituição da República Federativa do Brasil*. Brasília, DF: Senado Federal, 1988.

_____. Ministério da Educação. Conselho Nacional de Educação. *Lei Federal n. 11.465, de 10 de março de 2008. Altera a Lei n. 9.394, de 20 de dezembro de 1996, modificada pela Lei n. 10.639, de 9 de janeiro de 2003, que estabelece as diretrizes e bases da educação nacional, para incluir no currículo oficial da rede de ensino a obrigatoriedade da temática "História e Cultura Afro-Brasileira e Indígena"*. Brasília, DF: Ministério da Educação, 2008.

BRASIL. Ministério da Educação. Secretaria da Educação Continuada, Alfabetização e Diversidade. *Orientações e Ações para Educação das Relações Étnico-Raciais*. Brasília, DF: Secad, 2006.

BRASIL. Secretaria de Educação Fundamental. *Parâmetros Curriculares Nacionais*: História, Geografia. Brasília, DF: Ministério da Educação e Cultura/Secretaria de Educação Fundamental, 1997.

_____. Parâmetros Curriculares Nacionais. Temas transversais e ética. *Orientações e Ações para Educação das Relações Étnico-Raciais*. Brasília, DF: Ministério da Educação e Cultura, 2006. v. 8.

_____. Presidência da República. Casa Civil Subchefia para Assuntos Jurídicos. *Lei Federal n. 8.069, de 13 de julho de 1990. Dispõe sobre o Estatuto da Criança e do Adolescente e dá outras providências*. Disponível em: <http://www.planalto.gov.br/ccivil_03/ leis/ l8069.htm>. Acesso em: abr. 2014.

_____. _____. *Lei Federal n. 9.394/96, de 20 de dezembro de 1996. Estabelece as diretrizes e bases da educação nacional*. Disponível em: <http://www.planalto.gov.br/ccivil_03/leis/l9394.htm>. Acesso em: fev. 2014.

BRASIL. Presidência da República. *Lei Federal n. 10.639, de 9 de janeiro de 2003. Altera a Lei n. 9.394, de 20 de dezembro de 1996,* que estabelece as diretrizes e bases da educação nacional, para incluir no currículo oficial da Rede de Ensino a obrigatoriedade da temática "História e Cultura Afro-Brasileira", e dá outras providências. Disponível em: <http://www.planalto.gov.br/ccivil_03/leis/2003/l10.639.htm>. Acesso em: fev. 2014.

CAINELLI, Marlene; SCHMIDT, Maria Auxiliadora (Orgs.). *Educação histórica*: teoria e pesquisa. Ijuí: Unijuí, 2011.

CAMPOS, Raymundo. *Debret*: cenas de uma sociedade escravista. São Paulo: Atual, 2001.

CANDAU, Vera. Crianças e adolescentes face aos direitos econômicos, sociais e culturais. *Deagá*, Rio de Janeiro, n. 1, p. 8-11, 2000.

CANTON, Katia. *Moda*: uma história para crianças. Ilustrações: Luciana Schiller. São Paulo: Cosac Naify, 2004.

CASTRO, Eduardo Viveiros. No Brasil, todo mundo é índio, exceto quem não é. In: RICARDO, Beto; RICARDO, Fany (Orgs.). *Povos indígenas no Brasil*: 2001/2006. São Paulo: Instituto Socioambiental, 2006. p. 41-49.

CENTRO DE REFERÊNCIA EM EDUCAÇÃO MÁRIO COVAS. *A Escola Pública e o saber*: painéis temáticos. Disponível em: <http://www.crmariocovas.sp.gov.br/exp_a.php?t=011e>. Acesso em: 26 out. 2013.

CENTRO LATINO-AMERICANO EM SEXUALIDADE E DIREITOS HUMANOS - IMS/UERJ. *Gênero e diversidade na escola*: formação de professoras/es em Gênero, Sexualidade, Orientação Sexual e Relações Étnico-Raciais. Rio de Janeiro: Cepesc, 2009.

CHAMBOULEYRON, Rafael. Jesuítas e as crianças no Brasil quinhentista. In: PRIORE, Mary Del (Org.). *História da criança no Brasil*. 3. ed. São Paulo: Contexto, 2002. p. 55-83.

CIESPI/PUC-RIO. Equidade para a Infância e a Rede Nacional da Primeira Infância. Colóquio Latino-Americano sobre Políticas de Segurança e Direitos Humanos, 2., 2013. *Enfocando a Primeira Infância, Infância e Adolescência*. Rio de Janeiro: Pontifícia Universidade Católica do Rio de Janeiro, 2013. Disponível em: <http://ciespi.org.br/.../560-direitos-das-criancas-indigenas>. Acesso em: 26 maio 2012.

CONCEIÇÃO, Maria Telvira da. O trabalho em sala de aula com a história e a cultura afro-brasileira no ensino de História. In: OLIVEIRA, Margarida Maria Dias de (Coord.). *História*: ensino fundamental. Brasil, DF: Ministério da Educação, Secretaria de Educação Básica, 2010. p. 131-158. (Explorando o Ensino).

COOPER, Hilary. Aprendendo e ensinando sobre o passado a crianças de três a oito anos. Dossiê: Educação Histórica. *Educar em Revista*, Curitiba, n. especial, p. 171-190, 2006.

COOPER, Hilary. *Ensino de História na Educação Infantil e anos iniciais*: um guia para professores. Curitiba: Base Editorial, 2012.

CORALINA, Cora. *Poemas dos becos de Goiás e estórias mais*. 9. ed. São Paulo: Global, 1990. p. 75-76.

DANTAS, Audálio. *A infância de Ziraldo*. Ilustrações: Camila Mesquita. São Paulo: Calis, 2007. (A infância de).

DECLARAÇÃO DE SALAMANCA SOBRE PRINCÍPIOS, POLÍTICAS E PRÁTICAS NA ÁREA DAS NECESSIDADES EDUCATIVAS ESPECIAIS. Disponível em: <portal.mec.gov.br/seesp/arquivos/pdf/salamanca.pdf>. Acesso em: fev. 2014.

DOWBOR, Ladislau. *O que é poder local*. São Paulo: Brasiliense, 1994.

FARIA, Sheila de Castro. *Viver e morrer no Brasil Colônia*. São Paulo: Moderna, 1999.

FERNANDES. José Ricardo Oriá. Ensino de História e diversidade cultural: desafios e possibilidades. *Cedes*, Campinas, v. 25, n. 67, p. 378-388, set.-dez. 2005.

FERNANDEZ, Eunícia. Ainda na selva? *Revista de História.com.br*, Rio de Janeiro, 2009. Disponível em: <http://www.revistadehistoria.com.br/secao/educacao/ainda-na-selva>. Acesso em: nov. 2012.

FIDALGO, Lúcia. *O dia em que minha avó envelheceu*. Ilustrações: Veruschka Guerra. São Paulo: Cortez Editora, 2013.

FOX, Mem. *Guilherme Augusto Araújo Fernandes*. Tradução: Gilda Aquino. Ilustrações: Julie Vivas. São Paulo: Brinque-Book, 1995.

FREITAS, Itamar. A experiência indígena no ensino de História. In: OLIVEIRA, Margarida Maria Dias de (Coord.). *História*: ensino fundamental. Brasília, DF: Ministério da Educação; Secretaria de Educação Básica, 2010. (Explorando o Ensino).

FREITAS, Marcos Cezar de. Brincando de ser adulto. *Revista de História.com.br*, Rio de Janeiro, 2009. Disponível em: <http://www.revistadehistoria.com.br/secao/capa/brincando-de-ser-adulto>. Acesso em: 26 out. 2013.

FRONZA, Marcelo. *O significado das histórias em quadrinhos na educação histórica dos jovens que estudam no ensino médio*. 2007. Dissertação (Mestrado) - Universidade Federal do Paraná, Curitiba, 2007.

GERMINARI, Geyso Dongley. Arquivar a vida: uma possibilidade para o ensino de história. *Roteiro*, Joaçaba, v. 37, n. 1, p. 51-70, jan.-jun. 2012.

GÓES, José Roberto; FLORENTINO, Manolo. Crianças escravas, crianças dos escravos. In: PRIORE, Mary Del. *História das crianças no Brasil*. 3. ed. São Paulo: Contexto, 2002, p. 177-191.

HOESTLAND, Joe. *A carta de Savita*: os direitos dos homens e das crianças. Tradução: Maria Alice Araripe de Sampaio. São Paulo: Scipione, 2002.

INSTITUTO DO PATRIMÔNIO HISTÓRICO E ARTÍSTICO NACIONAL (BRASIL). *Preservação do patrimônio cultural*. Curitiba: Iphan/10ª SR Paraná, 2007.

_____. *Regimento interno*. Disponível em: <http://portal.iphan.gov.br/portal/montarPaginaSecao.do?id=11175&retorno=paginaIphan>. Acesso em: 18 abr. 2013.

JÚNIOR, Áureo Gomes Monteiro; CÚNICO, Célia; PORTO, Márcia. *Linhas da vida, 4º ano*: ensino fundamental. Curitiba: Ahom Educação, 2011.

KUBASKI, Derek. O jardim das crianças de Emília. *Jornal Gazeta do Povo*, Paraná, ago. 2012. Disponível em: <http://www.gazetadopovo.com.br/vidaecidadania/conteudo.phtml?id=1285394>. Acesso em: fev. 2014.

LAVALLE, Aída Mansani. *Nos tempos da província*: Emília Erichsen e o ensino em Castro. Dissertação (Mestrado em História da Educação) - Universidade Estadual de Ponta Grossa, Paraná, [s/d]. Disponível em: <http://www.portalanpedsul.com.br/admin/uploads/1999/Historia_Da_Educacao/Trabalho/05_59_40_NOS_TEMPOS_DA_PROVINCIA__EMILIA_ERICKSEN_E_O_ENSINO_EM_CASTRO.pdf>. Acesso em: 1 nov. 2013.

LÉVI-STRAUSS, Claude. *As estruturas elementares do parentesco*. São Paulo: Editora da Universidade de São Paulo/Vozes, 1976.

LUPORINI, Teresa Jussara. Educação patrimonial: projetos para a educação básica. *Ciências & Letras*, Porto Alegre, n. 31, p. 325-338, jan.-jun. 2002.

_____. *Levantamento e catalogação das fontes primárias e secundárias para a educação brasileira localizadas no Paraná* (Região dos Campos Gerais: Castro, Palmeira, Piraí do Sul e Ponta Grossa). Ponta Grossa: Editora da Universidade Estadual de Ponta Grossa, 1997.

_____. *Lugares da memória no Estado do Paraná*: demandas e políticas pela preservação do patrimônio cultural. Campinas: Unicamp, 1997a.

_____. *Pesquisando e compreendendo história*: uma experiência com alunos de 8ª série. São Paulo: Pontifícia Universidade de São Paulo, 1989.

_____; MOURA, Rosana N. A.; CARVALHO, Simone Marcela de. *Educação patrimonial*. Apostila de curso (Especialização em Educação Patrimonial) - Universidade Estadual de Ponta Grossa, Ponta Grossa, 1998.

MAESTRI, Mario. *O escravismo no Brasil*. São Paulo: Atual, 1994.

MARTINS, Estevão de Rezende. Aprendizagem histórica: desafio e projeto. In: RÜSEN, Jörn. *Aprendizagem histórica*: paradigmas e fundamentos. Curitiba: WA Editores, 2012. p. 9-10.

MATTOSO, Kátia de Queirós. O fillho da escrava. In: PRIORE, Mary del (Org.). *História da criança no Brasil*. 5. ed. São Paulo: Contexto, 1988. p. 76-97. (Caminhos da História).

MAUAD, Ana Maria. A vida das crianças de elite durante o Império. In: PRIORE, Mary Del (Org.). *História da criança no Brasil*. 3. ed. São Paulo: Contexto, 2002. p. 137-176.

MEIRELES, Elisa. Entrevista com Evelio Cabrejo Parra. *Nova Escola*, jan.-fev. 2013. Disponível em: <http://revistaescola.abril.com.br/creche-pre-escola/entrevista-evelio-cabrejo-parra-736818.shtml?page=1>. Acesso em: fev. 2014.

MINDLIN, Betty e narradores indígenas. *Mitos indígenas*. Ilustrações: Adriana Florence. São Paulo: Ática, 2006. (Para Gostar de Ler).

MINDLIN, José. *Reinações de José Mindlin*: por ele mesmo. Ilustrações: Laura Weiss. São Paulo: Ática, 2008. (Clara Luz).

MIRANDA, Lílian Lisboa; CASADEI, Silmara Rascalha. *Qual a história da História?* Ilustrações: Tati Móes. São Paulo: Cortez Editora, 2010. ('Tá' Sabendo?).

MORGADO, Patrícia. *Práticas pedagógicas e saberes docentes na educação em direitos humanos*. Rio de Janeiro, Anped, 2001. Disponível em: <http://www.anped.org.br/25/patricialimamorgadot04.rtf>. Acesso em: 17 nov. 2012.

MORRETI, Fernando. O longo voo do Tico-Tico. *Desvendando a História*, São Paulo, ano 2, n. p. 26-31, [s.d].

MOURA, Esmeralda Blanco Bolsonaro de. Infância operária e acidente do trabalho em São Paulo. In: PRIORE, Mary Del (Org.). *História da criança no Brasil*. 1. ed. São Paulo: Contexto, 1998. p. 112-128.

MUNDURUKU, Daniel. *Histórias de índio*. São Paulo: Companhia das Letrinhas, 1996.

NARLOCH, Leandro. *Guia politicamente incorreto da História do Brasil*. São Paulo: Leya, 2009.

NAPOLITANO, M. Fotografia como documento histórico. In: SCHMIDT, Maria Auxiliadora (Coord.) *O uso escolar do documento histórico*: ensino e metodologia. UFPR/PROGRAD, 1997. p. 55-61.

NUNES, Antonietta d'Aguiar. Nada de castigo. *Revista de História.com.br*, Rio de Janeiro, 2010. Disponível em: <http://www.revistadehistoria.com.br/secao/educacao/nada-de-castigo>. Acesso em: 26 out. 2013.

OLIVEIRA, Rui de; SCHWARCZ, Lilia Moritz. *O príncipe triste*. São Paulo: DCL Difusão Cultural, 2009. p. 30.

ORTIZ, José Mário. Relações cinema-história: perigo e fascinação. *Projeto História*, São Paulo, v. 4, p. 55-61, jun. 1985.

PASTORAL DA CRIANÇA. Disponível em: <http://www.pastoraldacrianca.org.br/pt/>. Acesso em: 28 out. 2013.

PETTA, Nicolina Luiza de. *A fábrica e a cidade até 1930*. 4. ed. São Paulo: Atual, 1995. p. 31-32.

PIEDADE, Amir. *Os meses do ano.* Ilustrações: Roberto Melo. São Paulo: Cortez Editora, 2007.

PINHEIRO, Maria Cristina Luz. O trabalho de crianças escravas na cidade de Salvador 1850-1888. *Afro-Ásia*, Salvador, n. 32, p. 159-183, 2005.

PIÚBA, Fabiano dos Santos. *Toda criança tem o direito de ler o mundo.* Ilustrações: Rafael Limaverde. São Paulo: Cortez Editora, 2009.

PONTES, Erica. *Perdidos e guardados.* Ilustrações: Leka. São Paulo: Cortez Editora, 2011.

POVOS INDÍGENAS NO BRASIL MIRIM. *Como vivem.* Disponível em: <http://pibmirim.socioambiental.org/como-vivem/aprender>. Acesso em: fev. 2014.

_____. *Ocupação no Brasil.* Disponível em: <http://pibmirim.socioambiental.org/antes-de-cabral/ocupacao-brasil>. Acesso em: fev. 2014.

POOLE, Josephine. *Anne Frank*. Tradução: Marcelo Pen. Ilustrações: Angela Barrett. São Paulo: Edições SM, 2005.

PRADO, Marisa. *O tempo que o tempo tem*. Rio de Janeiro: Salamandra, 1997.

RAMOS, Rossana. *Na minha escola todo mundo é igual*. Ilustrações: Priscila Sanson. 6. ed. São Paulo: Cortez Editora, 2008.

_____. *Trabalho de criança não é brincadeira, não!* Ilustrações: Priscila Sanson. São Paulo: Cortez Editora, 2013.

RAMOS, Fábio Pestana. A história trágico-marítima das crianças nas embarcações portuguesas do século XVI. In: PRIORE, Mary Del. *História da criança no Brasil*. 3. ed. São Paulo: Contexto, 2002. p. 19-54.

RIBEIRO, Flávio. Exploração do pensamento arqueológico das crianças. *Currículo sem Fronteiras*, v. 7, n. 1, p. 186-196, jan.-jun. 2007.

RIBEIRO, Marcus V. T. Os arquivos das escolas. In: NUNES, Clarice (Org.). *Guia preliminar das fontes para a história da educação brasileira*. Brasília, DF: Instituto Nacional de Estudos e Pesquisas, 1992.

RIBEIRO, Nye. *Os guardados da vovó*. Ilustrações: Camilla Saldanha. Valinhos: Roda & Cia., 2009.

RIZZINNI, Irma. Pequenos trabalhadores do Brasil. In: PRIORE, Mary Del (Org.). *História da criança no Brasil*. 3. ed. São Paulo: Contexto, 2002.

ROCHA, Everardo. *O que é etnocentrismo?* São Paulo, Brasiliense, 1984.

ROCHA, Rosa Margarida de Carvalho. *Educação das Relações Ético-Racionais*: pensando referenciais para a organização da prática pedagógica. Belo Horizonte: Mazza Edições, 2007.

ROCHA, Ruth; ROTH, Otavio. *Declaração Universal dos Direitos Humanos*. São Paulo: Moderna, 2006.

RÜSEN, Jörn. *Razão histórica*: teoria da História: os fundamentos da ciência histórica. Brasília, DF: Editora Universidade de Brasília, 2001.

_____. *Reconstrução do passado*: teoria da História II - os princípios da pesquisa histórica. Tradução: Asta-Rose Alcaide e Estevão de Rezende Martins. Brasília, DF: Editora da Universidade de Brasília, 2007.

SACAVINO, Susana. Educação em direitos humanos e democracia. In: CANDAU, Vera; SACAVINO, Susana (Orgs.). *Educar em direitos humanos, construir democracia*. Rio de Janeiro: DP&A, 2000. p. 36-48.

SANDIN, Bengt. Imagens em conflito: infâncias em mudança e o Estado de Bem-estar social na Suécia. Reflexões sobre o Século da Criança. *Revista Brasileira de História*, São Paulo, v. 19, n. 37, set. 1999.

SEABRA, Dulce; MACIEL, Sérgio. *ABC dos direitos humanos*. Ilustrações: Albert Llinares. São Paulo: Cortez Editora, 2012.

SELLIER, Marie. *A África, meu pequeno Chaka...* Tradução: Rosa Freire D'Aguiar. Ilustrações: Marion Lesage. São Paulo: Companhia das Letrinhas, 2006.

SILVA, Humberto. *Educação em direitos humanos*: conceitos, valores e hábitos. Dissertação (Mestrado) - Programa de Pós-Graduação da Faculdade de Educação da Universidade de São Paulo, São Paulo, 1995.

SILVA, Tomaz Tadeu da. *Documentos de identidade*: uma introdução às teorias do currículo. 2. ed. Belo Horizonte: Autêntica, 1999.

SISTO, Celso. *O cheiro da lembrança*. Ilustrações: João Lin. São Paulo: Prumo, 2009.

_____. *Vozes da floresta*: lendas indígenas. Ilustrações: Mateus Rios. São Paulo: Cortez Editora, 2011.

SCHMIDT, Maria Auxiliadora. Cultura histórica e cultura escolar: diálogos a partir da educação histórica. *História Revista*, Goiânia, v. 17, n. 1, p. 91-104, jan.-jun. 2012.

SCHMIDT, Maria Auxiliadora. Cognição histórica situada: que aprendizagem histórica é esta? In: _____; BARCA, Isabel (Orgs.). *Aprender História*: perspectivas da educação histórica. Ijuí: Unijuí, 2009. p. 21-51. v. 3.

_____. O significado do passado na aprendizagem e na formação da consciência histórica de jovens alunos. In: CAINELLI, Marlene; SCHMIDT, Maria Auxiliadora (Orgs.). *Educação histórica*: teoria e pesquisa. Ijuí: Unijuí, 2011. p. 81-90.

_____ (Coord.). *O uso escolar do documento histórico*: ensino e metodologia. UFPR/PROGRAD, 1997.

_____; CAINELLI, Marlene. *Ensinar História*. São Paulo: Scipione, 2004.

SOALHEIRO, Bárbara. *Como fazíamos sem...* São Paulo: Panda Books, 2006.

SOLÉ, Maria Glória Parra Santos. *A História no 1º ciclo do ensino básico*: a concepção do tempo e a compreensão histórica das crianças e os contextos para o seu desenvolvimento. Dissertação (Doutoramento, Ramo de Estudos da Criança, Área de Estudos do Meio Social) - Universidade do Minho, Instituto de Estudos da Criança, Braga, 2009.

SOUZA, João Valdir Alves de. Arquivo escolar: fonte de pesquisa histórica. *Presença Pedagógica*, Belo Horizonte, v. 4, n. 22, p. 14-27, jul.-ago. 1988.

SUNNY. *Contos da lua e da beleza perdida*. Ilustrações: Denise Nascimento. São Paulo: Paulinas Editorial, 2008. (Árvore falante).

VELOSO, Caetano. Oração ao Tempo. In:_____. *Cinema Transcendental*. São Paulo: Verve Brasil, 1979.

WACHOWICZ, Ruy Christovam. *As escolas da colonização polonesa no Brasil*. Curitiba: Champagnat, 2002.

ZAMBONI, Ernesta. Desenvolvimento das noções de espaço e tempo na criança. *Caderno Cedes*, Campinas, n. 10, p. 63-71, 1994.

ZIRALDO. *Os Direitos Humanos*. Brasília, DF: Secretaria Especial dos Direitos Humanos (SEDH), 2008.

Ana Claudia Urban

Nasci em Ponta Grossa (PR). Meus pais, Alfredo Urban e Teresinha Brikailo Urban, apresentaram-me ao mundo da escola. Minha vida estudantil e profissional teve como cenário essa cidade, onde me tornei professora dos anos iniciais. Na Universidade Estadual de Ponta Grossa (UEPG), cursei Licenciatura em História e Mestrado em Educação. Fui professora de História nos ensinos Fundamental e Médio. Em 2009, tornei-me doutora em Educação pela Universidade Federal do Paraná (UFPR). Como professora sempre me preocupei com a relação entre ensinar e aprender História, o que me levou a dedicar-me a essa temática. Atualmente, leciono Metodologia e Prática de Ensino de História, do Departamento de Teoria e Prática de Ensino (DTPEN), da UFPR, e sou pesquisadora do Laboratório de Pesquisa de Educação Histórica (LAPEDUH), da mesma universidade. Por acreditar nas possibilidades que a escola representa para muitos professores e alunos, aceitei escrever este livro com a autora Teresa Jussara.

Teresa Jussara Luporini

Filha de mãe professora e de pai radialista, enfrentei inúmeras dificuldades no período inicial de alfabetização, embora sempre tenha me encantado com a literatura, base constante de minha formação intelectual e profissional. Sou formada em Magistério, História e Pedagogia, com doutorado em Educação. Sempre me dediquei ao ensino de História no Ensino Fundamental e à Metodologia do Ensino de História no Ensino Superior, direcionando as atividades de pesquisa ao ensino de História e à Memória e História de instituições escolares. As atividades profissionais em sistemas de ensino estadual e municipal e no Conselho Estadual de Educação do Paraná direcionaram meu trabalho para a área de Gestão em Educação, em que milito atualmente como consultora. Considero a escola de Educação Básica o espaço de verdadeiro aprendizado de todo profissional da Educação.